村瀬嘉代子

クライエントの
人としての存在を受けとめるために

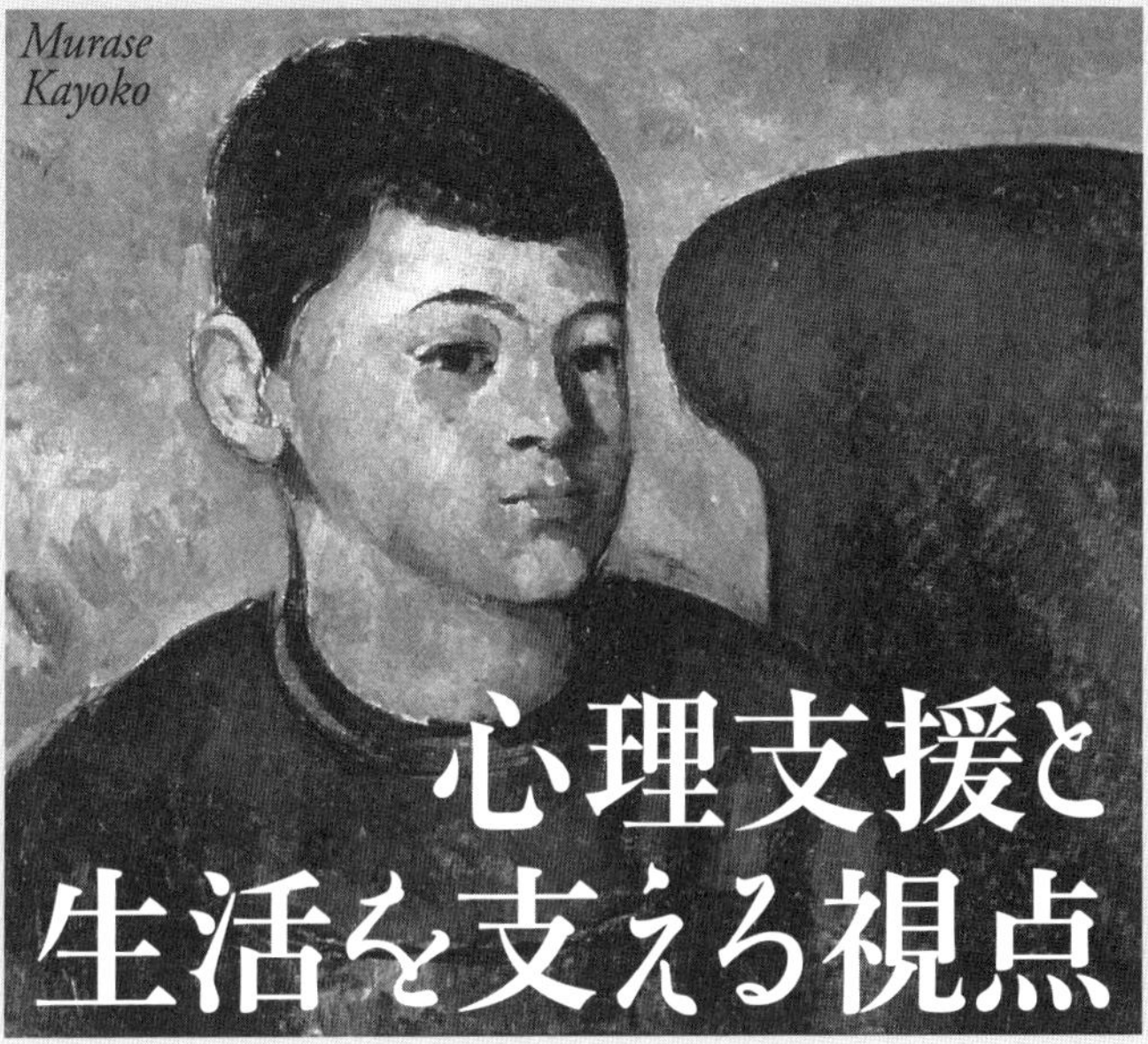

Murase Kayoko

心理支援と生活を支える視点

Ψ
金剛出版

序にかえて
――苦難に耐え解をもたらす力を支えるもの――

はじめに

　コロナ禍が猖獗《しょうけつ》を極める気配が見え始めた頃、ある会議で隣席の精神科病院長の方に「この状況下、大勢のそれも状態がさまざまな入院者を預かっていらっしゃると……」と言葉にしかけると、「これまで長い間にそういうことを尋ねられたのは初めてです……」と。次いで、さまざまに配慮を巡らして入院患者の安全を護る工夫を話されながら、「重い状態の人には個別的に対応するけれど容易ではない……」と仰るのを伺いつつ、乳児院や児童養護施設の子どもたち、障害を抱えて施設で暮らす人々や職員の方々の日々や如何にと想われた。

　本務の傍らのささやかな営みに過ぎないが、一九九一年から、コロナ禍の交流制限が始まる三十年余の間、児童養護施設に伺い子どもたちと生活場面を共にする交流、職員の方々との勉強会、中でも、コロナ禍の下、已むなく中止しているが施設の中でも繋がりに恵まれない子どもたちを自宅に招いてきた折々のことなどを思い浮かべると、僅かに手紙のやりとりはあるものの、こうした閉塞感をもたらす制約ある状況下で日々の生活は安んじて営まれているのであろうかと案じられた。

乳児院や児童養護施設の子どもたち、その他肢体不自由児、矯正施設などの職員の方々……それぞれに難しい事態を乗り切ろうとされる御苦労のさまざまが思い浮かんだ……。

＊

（二〇二一年一一月に、研究会も兼ね全国各地より参集された乳児院、児童養護施設、児童自立支援施設などの施設長の方々一二名との研究会のあと、「コロナ禍の許においても養育の質を担保し、向上を目指すには」と集約されるようなコロナ禍のもとでの暮らし方の工夫などについて、経験を披露しつつさりげない話し合いが行われた。また、地域を異にする五名の児童養護施設長よりコロナ禍の下において施設でなされている工夫、配慮について伺った。その他、筆者がかかわりを一九九三年頃から続けてきた重複聴覚障害者施設や高齢者重複聴覚障害者施設それぞれ一カ所から、このコロナ禍の状況下での日々の施設での生活の様子について伺った。以下にその内容を要約する）。

生活に根ざした困難事態での工夫

本来、乳児院や児童養護施設では、子どもたちは日々新たにさまざまな人、「もの」「こと」に出会い愛着心を確かなものにし、これを基盤にして新たな知識、感情や行動の仕方をより豊かに分化させ、自分らしい気持ちや考え、想いをわがものとして、表現し、他者とのコミュニケーションが豊かになっていく……。だが三密を避ける、清潔を保持するために、慣れ親しんできた清潔の習慣を遥かに超える厳密な距離間隔の維持徹底、消毒の励行などは日常の自然なさまざまのコミュニケーション方法などにも影を落とす。罹病の虞《おそれ》を遠ざけながら、子どもたちの生活経験が限定される結果、発達過程に停滞が生じることも懸念された。

乳児院では職員がマスクを着用していると子どもたちにとっては職員を識別しにくいであろう、「私の担当の他ならないAさん」という認識をしっかり持ち、愛着関係が成り立つことや、人をそれぞれが一人の他ならない人と認識できるようになることが遅れるのではないかと懸念された。そこで、子どもに対するとき、心持ち眼をぱっちりと開くように努め、眼差しをしっかり子どもに向ける、マスクの下でも微笑みかけるようにし、それまでも留意していたことではあったが、一層言葉を明瞭に話すように心がけ、眼差しと同調させる心持ちで話しかけるようにした。職員全員がこのことを不自然でないように技としてだけではなく心からの行為として、日々の養育場面での行動に現していると、懸念されたような人の識別や対象を求めて働きかけてくる子どもたちの仕草に遅れはなく、むしろ子どもの動作に生気というか活力が心なしか増したようにすら感じられることが経験された。自分を担当し、気持ちを込めて大切に受け止め、世話してくれる、「信頼感と親密感を覚える人」という感覚、アタッチメントの対象という感覚を抱くようになることが観察され、成長が損なわれるのではという危惧は払拭された、ということであった。こうした積極的な心を込めたメリハリの利いた語りかけや働きかけにより、子どもの側にも、養育者のその姿勢に呼応するような様子が見え、担当者のメリハリの利いた積極的な行動に呼応するような態度を受け身的に待つだけでなく、子どもの方からも自分の意志を持って、保育者に求める、あるいは伝えよう、という行動がより活発に見られるようになった気配があり、相互コミュニケーションが良い方向へ促進されることが見られた。

集団生活であり、「自分に対して」「この自分のために」慈しみの眼差しが向けられている「自己肯定感」を子ども一人一人が抱けるようにと、乳児院の子どもにそれぞれ、A君は青色、B子ちゃんはピンク、C君は緑というように色を決め、それぞれの衣類にその子の色のリボンをつけて「この他ならない青色の僕、Aの上着」「私はピンクよ」と、「他ならないこの私」という感覚の萌芽を育てるようにした。一見、ささやかな試みも、幼児たちは他ならない僕、私という感覚を持てたようであった。持ち物を大切にする、物事に感動を伴って気づくという傾向が増したように見られた。これは生活気分の良さ、安定に役立っているように観取された。

幼稚園や保育所での活動に制限や時短などもあることを補うべく、忙しさの間の時間をやりくりして、お話や絵本を読む、絵本を手製する（共同制作も……）など、創造性や審美性に開かれていくかかわりの時間を少しでも増すように努め、養育担当職員は時間配分を工夫して、子どもと一緒に活動に参加するようにした。

実際に平時に比べ、コロナ禍の下では仕事量は増えたが、職員間でささやかなことでも子どもの状態や職員自身の気づきについて言葉に出して伝え合い、嬉しいことは分かち合う、失敗や困りごとは率直に相談し合う、ということが自然に増え、このコミュニケーションの質と頻度の向上は多忙で疲れているはずなのを和らげる効果があると職員自身が実感したのだという。さらには、職員間の協調、協力体制がより質の良いものへと進歩し、細やかな配慮が増したかのようである由。

学齢期の子どもたちは施設内、そして学校場面でもさまざまな制約が設けられ、伸びやかに学び、かつ遊ぶというゆとりの空気が薄れてきたことに重ね、帰寮後も外出を制限せざるを得なくなったことなど、生活に如何に張りを失わさずに過ごさせるかと思案する施設長に「そんな悩まんでもいいよ、晴れた日は園庭の樹の下で夕食を食べよう。同じ樹の下で同じような食卓で食べるのじゃなくて、外でも場所を変える、食器も御飯茶碗に御飯を盛ると決めずに色の取り合わせ形を変えて、皿に盛った御飯を食べるとか、テーブルの用意の仕方だっていろいろあるよ。食べるばかりでなくテーブルをどう整えるか、何通りのテーブルが整えられるか、面白いじゃん……」と意外な提案を早速実行してみると、園生たちは「気分が変わり、楽しくもある」と好評で、手伝い志願者も次々現れたというお話も伺った。その他、漫画以外の書物などは見向きもしなかった中学生たちが文学作品を読み始めて「試してみるものだ……」と殊勝な表情でぽつりぽつりと感想を述べることなど思いがけないこともおきている……、とか。

コロナに感染せぬよう十分注意していても、職員、在園児に発症者が出た園もある。最初一瞬、園長先生は思わず嘆息が漏れかけたが、職員はギリギリの中でローテーションを何とか組み、こういうときのお見舞いは心を込めた手作りで……と子どもたちと一緒に手作りしたお菓子をお見舞いに持参したりしていて、かつて、新聞紙上に見られた発症者に非難の眼差しを向ける気配など全くなく、同僚や友達に「大事にゆっくりしてね……」という言葉かけをしていて、仕事量は増え現実は容易ではないが、それを病者へ向けることなく、誰しも病む可能性ある人間だと考えて、施設内の空気は平時とさして大きく変わらないとその施設長は話された。

結び

降りかかる災難に個人の力で対応が難しいときはもちろん、その規模や性質に適合した政策の下に経済的、社会的（これには精神的支援も含まれよう）支援を速やかに行うことが当然必要とされるであろう。その支援を施行するに際して問題の実態を的確に理解し捉えることが必要であるが、同じ時と場を生きる私ども社会の構成員の一人一人が、しなやかな発想と他者のそれに伴う心情をわかろう、分かち合いたいという市民としての精神文化を持っていることが大切である。このことを上述した施設長の方々のコロナ禍の下で施設を運営しようとする心持ちを伺って改めて大切なことだと再認した。現代は何かことがあると多くの人が批判的評論家調の見解披露に走りがちに見える。だが自分の立場でできうること、相手の気持ちを察し、理解する、わずかでも助力したいと思う、そういう精神文化を大切にしたい。

後　記

このささやかな小文を書くことにご協力くださった児童養護施設や乳児院の職員の皆様に深く謝意を表します。

目次

心理支援と生活を支える視点

問う力・聴く力を涵養する
――能動性を内包する受動性／理論と技法を支えるジェネラルアーツ――

はじめに

こういう標題については未だに考え迷いつつあり，答えをよくし得ないと御辞退した。叶わず，そこで臨床場面で，いわゆる狭義の技法をそのまま適用しても難しい現実を例示し，そもそも問う力や聴く力を構成する内容は何か，さらにそれらの力が育っていくために求められることについてささやかながら私の経験を通して検討しようと考えた。

標題の「問う」「聴く」という営みは，発券所の窓口で目指す観光地の天候を問うというような次元の動作ではない。人の生にかかわるあらゆること，踏み込んでいえばクライエントの存在，生き方の本質に連なる問いであろう。心理支援の理論・技法は多岐に発展分化しているが，さまざまな技法の基底に通底して望まれる問う力・聴く力が熟達していくための要因やその過程を自験例を基に考えてみよう（いずれも本質を損なわない程度に改変してある）。

一　問う・聴く営みの基底と局面

1　未熟な面接者――全体状況を瞬時に相対化して捉え、反応する

家裁調査官補として入職半年余の担当事件のこと。年齢切迫事件で身柄拘束期間も残り一週間。黙秘権行使により氏名・年齢不明、住所不定、ただし教護院（現在の児童自立支援施設）、初等、中等、特別少年院在院（現在は第一種、第二種少年院と名称変更）歴あり、二〇歳近いと推定された。強盗傷害事件の現行犯逮捕、警察、検察庁の所見は「検察官送致相当」。上司は難事件を担当して自らを鍛えよと怯む私に配点された（当時、女性調査官は極めて稀で、時には事件当事者はじめ保護者、その他関係者からある種の視線が向けられることも……）。

まず、事の理解のための三要素、時・所・位を考えて、分厚い事件記録を読む。少年の両親は行方不明。幼児期に遠い縁者に引き取られたが間もなく教護院入所、児童養護施設と矯正施設を転々としてきた模様……。特別少年院退院後、居場所定まらず本件非行におよび現行犯逮捕された……。事件記録の内容を私は頭に入れ、行間を埋めるように、これまでの彼の日々の暮らしや心中を想像した……。

審判期日切迫のため、終業時間間近であったが、本人に会うだけでもと急ぎ少年鑑別所へ赴い

た。未成年者とは思えない色黒、大柄で、迫力ある少年が目の前にどかっと着席した。自己紹介して、さて人定質問をと事件記録の表紙に視線を落とすと、氏名不詳、住所不定、余罪多数、追送予定とある。やにわに、太い声で「僕が怖いのですね！」と（こういう場合に役割として適切な台詞は脳裏にすぐ浮かんだ。だが、それは職務上正しい表現でも、内実の不十分な私が発すれば、それらの言葉は少年の頭上を素通りして、暗黙の場の主導権は少年が握り、その後の展開は形だけになって、真に問う、考え感じながら意味を見出すという展開は生じないであろう、と咄嗟の一瞬の間に考えた。私は黙って頷《うなず》いた（職業人として失格と自覚しつつ、現実の事実に忠実にと考え自責しつつ）。

「そうでしょう、それが自然というものです。事実です」。現実を認めつつ、面目ない想いの私に向かって彼は意外にも別人のごとく落ちついた態度になった。氏名を名乗り、その他、目下は居所不定であること、幼児期は遠縁の親戚で育てられたが、児童期から本件直前まで保護施設、矯正施設へ送致されて転々と生きてきた……。流されるような落ちつかない日々、盗みや喧嘩を繰り返したことを語り、「先生は僕について検察官送致という意見を書くのです……」と言う。「調査官は調査記録と処遇意見を書くのです。○○市の児童相談所に問い合わせると、僕の記録があるはずです。僕について話す身内はいませんから参考になると思います。審判決定に役立つことが書いてあるはずです。先生の意見は検察官送致になると思います……。遠くに叔母がいますが審判立ち会いには連絡しても来ないです」（叔母に連絡したが、迷惑はもうたくさんと欠席……）。

審判までの間に、彼は送致されなかった余罪についても素直に話した。刑事処分相当と考えながらも、少年との不甲斐ない出会いも含め、調査結果を正直に要約して報告し、裁判官にご意見を仰いだ。裁判官は瞑目して聴かれ「教育の可能性に期待したいですね……」。審判の席では暖かく励ます説示をされ、特別少年院送致を言い渡された。

上京して研修生生活を送っている私にかの少年から来信。「教護院時代から支給される葉書を一度も使わなかった。初めて先生に便りを出そうと思った」とあり、淡々と日課に励んでいると記されていた。私も説諭調ではなく、健康と良い日々を祈ると書き、ただ、余白が広すぎるので、渋い色の和紙で季節にちなむ貼り絵を描いた。四回の葉書往復をした。五回目の葉書――「経過がよく予定より早く退院します。社会へ出てからも先生へ便りを出したいと思いますが、これからは真面目に生きて、手紙を出したい人を見つけられる人間になるよう努力します。先生への葉書はこれが最後です」。手紙を出したい人を見つけられる人間になるよう……！　独り立ちしていこうというこの覚悟！　感慨深く、心のなかで拍手した。数年後、任官初任地を訪れたとき、その地の先輩から彼は堅実に働いていると伺った。

2　自分の生を自ら引き受け、生きる方向を見出した少女と母親

身ぎれいな母娘が来談。二人は親子同席面接を希望された（はじめに親子一緒に挨拶し、次いでまず当事者、子どもとの面接を原則としているが、この親子は互いにぴたりと身を寄せ合うように立っていながら、視線は相互に警戒し合っているように見えた。そこで希望の通りに同席面接とした）。母親は理路整然と表情を動かさずに話した。「娘は幼児期から音楽、お絵かき、何事も上達早く、学業も抜群。優秀さを妬まれ、虐められるようになり、学校側が適切に対処しないため、娘の成績に陰りをもたらし、不登校になった。何カ所も相談機関や精神科を訪ねたが改善せず、A子は自分の場合は病気じゃないと怒りだした。A子は高一までは一番だった成績順位が四〜五番に下がったのも登校できない理由である」と。伝えられることをひとまずは糺《ただ》さず受け取った。

A子に視線を向けると、不眠、朝起きられず、だるい、重い荷物を背負っているようで身体が重くて邪魔……と訴えた後、成績が一番になれば元気になると無表情に、しかしきっぱり語った。このとき、相当強い地震の揺れが起きた。止んだ後私は思わず「よかった！　都市化が進んだ今、大地震が来たら、水も電気もガスも止まる。復興も……」とつぶやくと、A子は「お水なんて冷蔵庫に一杯あるじゃない……」と。これを聞き、狭義の学力は高いがいわゆる生きる智恵、総合的な力はさて如何なものなのであろうと疑問が湧き、一番をひたすら目指すA子の息切れ状態を痛ましく思ったが、無言で労《ねぎら》いの視線を送るに止めた。

母親から意見を求められ「目標を目指すことは尊い。それには体調を整えることがまず底支えでは……」と示唆した。母親は病院受診を約された。

二週間後、「こちらから帰って後の私の態度が幾分変わったとA子は申し、投薬を受けてわずかだが生活リズムに改善の兆しが見え始めました……改めまして」と医院からの紹介状を出された。A子との面接は内面探求を急ぐのではなく、音楽や絵、あるいは食物、何気ない日々の生活などが話題となった。面接中に部屋へ飛び込んでくる私担当の重篤な自閉症の幼児と私のやりとりを見て、「先生はあんな子どもに対しても普通で自然、どこか通じている。私のように構えてない、私は自意識過剰、気負い過ぎと気づきました」と。自ら気づき考える姿勢を讃えると、A子は自然に微笑んだ。ただ、座っていると床から火が燃え始め、下半身が燃えそうになる夢を繰り返し見るようになったとの報告。共に絵を描いた折、A子の絵はマリー・ローランサンばりの優美なトーンなのに、淑女風の女性の衣服が腹部だけ異様に濃く色づけされていることに気づき、不登校の原因は語られた妬みと虐め、果たしてそれだけ?……と当初に抱いた疑問と呼応するように思われた。

ほどなく、面接終了近くに雷鳴とどろき、沛然と驟雨が降り出した。小降りになるのを待つように勧めると、A子は床に突然跪き、泣きながら話し始めた。小学六年時に家庭教師にイタヅラされたこと、恥、怒り、悲しさ、でも一瞬全てを忘れられる、一言にまとまらない……汚れた私……それは今まで続いてきた、止めたい……。母には言えなかった。誰も気づいていない……。苦しくて、母に暴力を振るい、母との乱闘もしばしば……。父親はオロオロし、優しいだけ……。彼女の傍らに私も跪き、「貴女は被害者、貴女の本質は決して汚れていない……ただ、なるべく早く、お母さんに事実を話して……。お母さんは聡明な対応をしてくださると信じている」と話した。モーパッサンの『脂肪の塊』やヴィヴィアン・リー主演の映画『哀愁』の粗筋を話すと、A子は真剣な面持ちで聞き入り、考えていた。雨は小降りになり、空の一部に雲間から陽光が指していた。

母親がほどなく来談された。「家庭教師にはきっぱり片をつけた。自分は家庭の事情で大学を中退、不本意な結婚を強いられ、それは破綻し、子どもの親権を生活力がない理由で諦めざるを得なかった。自分の挫折を娘の成長への夢に託し過ぎた誤りに気づいた……」（柔らかで構えのない表情をされていた）。

母親は働く必要がなくても少しでも分かち合いたいと高齢者施設職員となられ、A子は直に人間の心に触れるのは遠慮する、でも住居は人の心と深く関係がある、人の健康と幸せに裨益する建造

（注1）『脂肪の塊　モーパッサン（1850-1893）の中篇小説。普仏戦争を背景に，人間の愚劣さと醜さに対する憤りをユーモアとペーソスをまじえた客観描写で定着させたこの作品は、社会の縮図を見事なまでに描き切った。師フローベールからも絶賛され，その後の作家活動を決定づけた作品。

（注2）『哀愁』一九四〇年のアメリカ映画。監督マーヴィン・ルロイ。主演ヴィヴィアン・リーとロバート・テイラー。ロンドン、ウォータールー橋での出会いから第一次大戦と第二次大戦にかけて、戦争と階級に運命を大きく引き裂かれ悲劇的結末を辿る悲恋映画。

物をいつか手がけたいと建築学科へ進んだ。

3　被害者意識のみから、人が自らの行為の意味を落ち着いて引き受けるに至る過程

弁護士B氏からの依頼。「担当した傷害致死事件の被害者の母親が落ち着くように気持ちを聴いてほしい（悲しみは解るが……）。母親は検察庁に頻繁に抗議架電、担当検事に度重ねて執拗に面会要求を繰り返している……」。

当の被害者の母親自身からも「自分は法廷を始め、最近は夫、娘たちからも理解されず、言動を阻止される。孤立してしまった。そもそも加害者が優遇されすぎだ。自分は苦しい、助けてほしい……」と面接を希望された（当時、裁判員制度はまだ存在せず、犯罪被害者支援法基本法が発足して（二〇〇四（平成一六）年）間もない頃であった。

弁護士B氏による事件の概要――家事手伝いのC子は家出し、行き先のあてなく迷っているところをある店主（女性）に同居して子守をするように勧められ、住み込み稼働し始めた。間もなく母親が店先を掃除しているC子を見つけ、連れ帰ろうとしたがC子は強く拒み、店主が仲裁して、母親も住み込み稼働を承知した。C子は軽度の知的障害があり、仕事の要領の悪さで店主を苛つかせることもあったがおおむね適応していた。住み込み三カ月余の頃、C子は戸口の鍵をかけ忘れ、店主は苛立ち回し蹴りを一回した。

C子はよく昼寝をするので、横になり寝入った（いつもと同じ様子でそう見えた）と店主は考え放置したが、二時間後、眠り方の異変に気づき救急搬送。手術を受けたが同夜、C子は死亡。店主は直ちに自首。判決は求刑通りの実刑X年（B弁護士によれば厳しい量刑）。C子の母親は「殺人罪相当、量刑は不当に軽い」と担当検事、検察庁職員へ頻繁に抗議架電。

母親は面接時にC子の遺品（高価な品々）を大きなバッグに詰めて持参。中を見せ娘を可愛がっていたと強調、次いで口調激しく検察官や、依頼している弁護士、検察庁職員を非難し、さらに一審判決を誤審だと……。

「事件の決定に関与する権限を私は持たない、貴女のお考えがそれぞれの人に伝わるような表現や態度についてほんの少しお手伝いできるかどうかです。貴女の希望が叶うなど何もお約束できないのです。非力です」と私。母親は私を凝視してから「家族は途中から私とは意見が変わり、一審の判決に納得した。娘たちは私を批判します、ひとりぼっちです」と声を落として、私をまっすぐ見つめた。「私は十分貴女のお立場や経験をわかるなど僭越なことは申せませんが、ひとりぼっちのお気持ちをお察しします。亡くなったお嬢さんにもし、一目会えたら……」と言い終わらぬうちに母親はわっと泣き出し、「我が家は皆それなりにできる者が揃っているのに、末子のC子は軽いけれど知的障害があり我慢できず、常時辛く当たりました。夫に止められましたが……。家からあの子は逃げて出て、そこで亡くなったのです。今、心から悔いています。反省するのが辛くて、それを外へぶつけていました……。こんな姿はあの子を虐《いじ》めていたのと同じだと気づきました……。夫に対して、いえそれだけでなく、みんなに素直に優しくなれるように……」。

数日後、夫なる人から控訴は取り下げられた。「寂しいけれどC子のことを大事にいつまでも思っていこうと、私たち家族全員がC子にわびています……」と母親から報告があった。

4　生きる意味を思い出させた木槿《むくげ》の花

ある重複聴覚障害者施設からの依頼。D氏（八九歳）がせっかくのポテンシャリティを活かせるようになってほしい。妻は病で就床。娘も年に一度くらいの訪問。D氏は第二次大戦中応召し、戦地では戦車の修理、帰還後は電車の修理工。素質は相応に高いはず。認知症ではなく、意地で対人関係を拒んでいる。耳鼻科医は補聴器をつければ会話は可能のはずと言われるが、性能のよい補聴器を所持しているのに絶対装用しない。職員は大声を張り上げ最低限の用を足している。人らしく他者と接し、生活を味わってほしい、との施設側からの希望があった。終日壁の方を向いて、ＴＶをつけはなし、でも見てはいないと……。

私の声は努力しても小さい。それに張り上げた大声で話しかけられ、それで聞こえるという体験は本人にとってはいかがなものか……。施設は空調が整備されているが、室内は季節感に乏しい。そうだ、後片付けが簡単で気取らない、素朴だけれども春を思わせる花を一輪、それも処分は職員の手を煩わせないようなものを挨拶と一緒に持参しよう。

D氏は入室する人には背を向け、壁に向かって横臥しておられた（常時、この姿勢）。平素の声で自己紹介の挨拶をする。もちろん返事はない。枕元にホイルで作った小さい花瓶に木槿の花を挿して、枕元にそっとおく。壁を凝視していた視線が花に注がれる。じっと花を見つめておられる。長居は止め、次回お尋ねする予定と、花は職員の手を煩わせなくてもこのように枕元のゴミ箱へ弾き飛ばして入れる絵とを描いた便せんをおいて辞した。

次回、手話と指文字を不十分ながら思い出して、恐る恐る入室する。なんと、補聴器をつけてドアの方を向いて待っていてくださった。堰を切ったように話し始められた。木槿の花は郷里の母を想い出させた。母は真面目で働き者だった。木槿の木には消毒作用がある。手が膿んだとき、母が木槿のとげで膿を出してくれた。外は春ですね。不思議、木槿の花から母、そして手伝いして貯めたお金で夜間の専門学校に入れたときの嬉しさ、召集令状が来て、学業が途切れた悔しさ、戦地へ旅立つとき、母が見送りの旗の波の中に涙をこらえつま先立ちしていたこと、軍隊での上官の暴力、帰還後も重ねられたさまざまなご苦労を感情を込めて話された。ふと、「洋行もしたからもういい」と諦めるように声を落とされた。考え合わせるとそれは外国支店への赴任とか、外国旅行ではなさそうと思いつき、「シベリヤ抑留でご苦労されたのでは？」「よくわかった！　あまり辛くむごい経験だったから妻にも誰にも話さなかった。周りも何か気配を察し、聞かなかった。親類とも距離ができた……」。収容所生活の過酷な労働の日々を克明に話された。極東ソ連の小さな都市の名前や極寒の中の作業手順、夜寝るときの戦友同士の会話は母親の思い出と手作りのおやつの話など、臨場感のこもるお話で、これが壁に向かって沈黙されていた方かと驚いた。向学心を応召されて絶たれた無念や、前線を転戦して終戦後もシベリアに抑留され、酷寒下の強制労働に従事されたことなど、帰還後も家族にすら話されなかったその胸中はいかばかりであったか……。私などがなまじ言葉で形容することは憚られた。

出征中の大陸転戦やシベリヤ抑留経験のお話をまとめて印刷して差し上げると大喜びされ、妻や親類にも渡したいとコピーの作成を所望された。法事に出席され、ソ連での生活のコピーを配られると皆から労われ、親族との関係もよくなり、その後いろいろなことが改善した由であった……。穏やかになられ、職員にも自然に謝意を現すようになられた。百歳まで生きることを目標にされたが、目標の一月前に眠るように逝かれたとのこと。坂道を登っているときの姿は自分の生涯に似ているからと、部屋に貼られていたＤ51（蒸気機関車）の写真が棺に納められたという。

三　問う・聴く営みが成り立つには

冒頭に述べたように、人の生、生き方にかかわる問いに対して、相応の内実ある応えを得るには、応える相手との間にある「この人には伝えよう」という意識的無意識的な暗黙の関係が如何ほどの質であるかがまず問われよう（注1）（村瀬、一九八五）。

あまりにも自明だが、問いを発する面接者には人を人として遇するという基本姿勢が必須であることを銘記したい。

臨床場面に臨んでは、①クライエントについてのアセスメント、②それへの対応（理論や技法の適用）、③その結果のクライエントの状態変化を捉える、④クライエントは自分に適用されている支援方法をどう受け取っているか、支援に望んでいることに即応しているか、加えてその支援方法は適切であるか……これら四点についてどれだけ的確に考え、把握しようと務め、できているかが、問う力・聴く力を支える基底要因だと考えられる。

アセスメントというと、当然のことながら、クライエントを対象と考えられてきたが、臨床において、心理職者は常に自分を相対化して自覚していることが必須であろう。

事例1で、「怖れている初心者調査官」という認識を被疑者に持たれたのはまことに至らない次

（注3）精神科医・青木省三先生との個人的会話。躊躇いがちに青木先生「患者さんは出会って間もなくの短時間に、『ここで本当のことを話そう……』と思い始めているように思うのです」とおっしゃった。私は「同感でございます。出会ってわずかの時間で、目前の面接者の本質を捉えられるのでは……適応的に社会的文脈の中に組み込まれているとき、人はこの世的利害得失などに意識的無意識的に判断に影響を受けるのではないかと考えられますけれど、厳しい辛い状況では純粋にどれくらいこの相手に委ねられるか、と本質的に焦点が絞られるのではないでしょうか……」と応えた。

第であった。こういうやりとりをおぼろげに予測し、それを補うべくできうる準備は十全にと努めた。事件記録を頭に入れ、申述の内容につき、「忘却ではなく意図的省略では？　矛盾した説明、これは作為的では？」など事実関係やその折の少年の気持ちについて理解に努め、事実関係についても緻密、的確に理解しようと準備して面接に臨んだ。これに気づいて少年は、協力的になることはむしろ気持ちが落ち着くと思い始めたようであった。

問題解決に役立つ問いやよく聴きとる行為は、クライエントやその置かれている背景および全体状況について、根拠のある想像力を働かせつつどれだけわかっているか、わかろうとしているかということと不可分である。問うことに性急にならない、語られるのを待つというのは無為無策でいることではない。片言隻句《へんげんせきく》、何気ない仕草を大切に受け取り、わずかな手がかりをもとにジェネラルアーツを用いて相手を理解しようと考えを巡らす。相手の言葉にし得ない、あるいは時がまだ熟さず言葉以前の結晶しきらず言語化し得ない流動的な感情、思考内容を想像してさりげなく手がかりを少し提供しつつ待つ。これをもとにクライエントの表出があって、意味ある展開が生まれるのだと考えられる。

解決へ向かう展開では、クライエントの側が自ら主体性をもって、気づくことが自尊感情の回復を促し、その後の生を自ら引き受ける姿勢をより確かにすると考えられる。事例２・３は自分の生を自ら引き受けようと変容していった例である。

臨床場面では健聴者ばかりでなく、障害を持つ人にも出会う。私のささやかな経験を記すのはいささかおこがましいが、重複聴覚障害者（視覚・聴覚共に障害を持つ人も入所されている）の施設にかかわってきた。問う・聴くという営みは文字通り、対象者一人ひとりに合わせて、コミュニケーションのツールをどう見つけるか、この課題に応えることは非常に個別的営みだが、まずこれをクリアすることが問う・聴く営みを可能にする出発点である（村瀬、二〇〇五）。

紙数の限りもあり、いわゆる技術的に問う力・聴く力について記述された文献は数多あるので、技術の詳細はそちらに譲りたい。

心理職者の問う・聴く営みの基底として大切にしたいことは、以下のように要約される。

①自分を相対的視点で確かに捉えようと不断に努めること。

②気づく力を活性化させて、小さなことをも粗略にせず留意すること、この気づきを意義あるように活用するために知識、経験、ジェネラルアーツを動員して気づきの内容につき理解を深めること。

③専門領域の理論や技法の会得はもちろん必須であるが、ジェネラルアーツを豊かに増すための不断の努力こそが、問いにより得た答えや聴いた内容を的確に深く理解するために役立つ。

④観察事実を大切に根拠のある想像力を巡らす、これは理解の深まりと正確さをもたらす。ただ

し、時熟を大切にする。クライエントをいたずらに先導しようと急かない。
⑤応える人、語る人は相手だという良き受動的姿勢を持つ。

個人として、上述の努力を不断に続けることが問う力、聴く力を涵養する道だと考えられる。こういう地味な、しかし地道な継続的努力が基底にあり、その上にスーパーヴィジョン、研究会、研修、研究などへの参加がさらに役立つのであろう。

面接のパール

――面接の基本と考えてきたこと――

はじめに

恐縮しつつ、お断りを記させていただきたい。「精神科面接」との標題で、心理職者の私が執筆することは「その任にあらず」と辞退申し上げた。だが考えるところを記すようにとの編集、出版ご担当のご意向により、経験事実をもとに私見を記させていただいた。家庭裁判所調査官として非行臨床や家族問題に携わることから歩み始め、その後、大学教員を務める傍ら病院精神科で発達障害、精神疾患を持つ児童青年から高齢に到る人々、発達障害や精神疾患を併せ持つ重複聴覚障害者施設での心理支援、親権・監護権決定のための民事鑑定、障害を抱え身寄りのない保護観察中の人々、近年は被虐待児童やその家族への支援などへかかわり、今日に到っている。

体系化された理論や諸技法を学ぶ努力をしつつも、これまで出会ってきた支援を求める人々の多くからは、その個人に即応したアプローチの必要性に迫られてきた。以下に記す内容は、純然たる精神科領域以外を含む、それも前例がなかった模索の経験を通して考える、確たるこれというより仮説的私見であり、磨きをかけいっそうの洗練を要するパールであることをお許しいただきたい。

一　人を人として遇する（参考資料は知りつつも予断なく）

自己コントロールが十全ではない、あるいは何やら自分を制御し難いところが生じてきて、何か覚束ない感覚を自覚するとき、曰くいい難い自分は何か重篤な状態にあると茫漠とした不安を人は感じるのではあるまいか。

身体の異常の治療を求めて、医療の場を訪れるとき、ある種の口実として入院するような人は別として、多くの場合、人は身体的苦痛の他に経済的不安、社会的存在としての自己に陰りがさす心許なさを覚えるであろう。ただ、身体的障害はそれが重篤であっても、自分という人間存在の中核、自分という存在の主体性、アイデンティティは損なわれていないという感覚は程度の違いはあれ保たれているのに比べ、自分の精神に不調を自覚して精神科を受診する人は、存在としての自分自身の中核が損なわれかけているという茫漠としつつも本質的不安を感じているのであろう。それは他者にとって理解し分かち合いが容易ではないレベルの不安であろう。そのような不安を抱く人に出会うとき、その不安感、心許なさを想像しつつも、さりげなく面接に臨まれたことを労いたい

（労い方は目前のその人の様子に合わせて個別的に……）。こうして、かそけくあってもコミュニケーションの緒が始まることを私は経験してきた。

一九六〇年代の終わり頃、私は家庭裁判所調査官研修所の研究員として助教と講師の中間のような役割を課されていた。家庭裁判所は草創期で（業務の施行法についても探索的に整備が進められていた）、「精神疾患を持つ非行少年への面接調査」についての検討を中心課題として児童精神科病棟へ継続して週一回伺うことになった。

当時の物質的院内環境は大戦からの復興期にあって、子どもが精神的治癒と成長を目指す、そしてそこは生活する場でもあるという観点からすると、さまざまな意味で、あまりにも慎ましすぎた。私が心理職を専門とするなどということより、掃除と整頓、子どもの生活療養環境らしく整えるお手伝いのほうがささやかだが有意味だと咄嗟に考え、病棟婦長さんに資格がないけれどボランティア雑役者としてお手伝いを申し出た。「国の研修所から派遣されている方にそれは不可、でも子どもたちがおやつの分配で喧嘩しないように、学習をしたい子には勉強を見て……、手持ち無沙汰なぼんやりしている子どもには何か少しはハリが出るようにかかわってほしい……」と病棟婦長さんから依頼された。

その日すぐ、お盆におやつを載せて、私は自己紹介の挨拶を考えつつ、患児たちが自由時間を過ごす談話室へ一歩を踏み入れたその瞬間！　一人の目元涼しい少年が叫んだ。「あ！　お姉さん、シゾ（当時、統合失調症は精神分裂病との名称が用いられていたが、病棟の患児たちはシゾともっぱら略称を使っていた）が治ったんだね、大学へ復学した学生だね！」私が言葉を発する間もなく、これを聞いた少し年下の少女が「シゾが治るの？　お姉さん、治って大学生に戻れたのね！」重ねて少年が「ドアを開けたお姉さんを見て、繊細で感受性が細やか、そしてとっても冷静な人だと見えたよ。こんなに矛盾していては辛くてシゾになっちゃうよ。でも治ったんだね！　そんなに矛盾を大きく抱えてるとシゾになるんだよ！」二人の発言で他の子どもたちもそうなのか……、というか不思議そうに、一様に視線を私に向けた。無言のひとときが流れた……。私は自分の職業と役割を患児たちに伝わるように話して、「よろしく……」と挨拶しようとしていたのに、本来は「失礼しました。違うのよ」と二人の患児の発言を丁寧に訂正して挨拶すべきと思いながら、「シゾが治って復学した……」というその咄嗟の言葉や復学したお姉さん、という表現から彼らの将来を案じ、希望と不安が交錯しているこころもとなさが伝わってきた。その重さを考えると、用意の挨拶をいいそびれた。

精神的に病むという体験を当事者がどう感じ受け止めるのか、書物や教室で学び想像していたのより切実な重さで再認した瞬間であった。患児たちは私を一種の「同類」と受けとめたようであった。心苦しくあったが、回復して家族や社会へ戻りたいと願う彼らにとって、病からの回復可能性の証しと受け取られたようであった。

密かに抱える心配事や見舞いに訪ねてくれた親に反抗した後悔、時には学習内容が理解できた喜びを私と共有したり、かと思うと別人のごとく調子を崩していたりする彼らの傍らで、片付けをそっと手伝ったり、自分はちゃんとした成人になれない……、という呟《つぶや》きに平素傍らにあって気づいたささやかな成長、回復への可能性の証しを私はそっと言葉にして患児たちに伝えたりした。

面会に来院されたご家族が学習ボランティアと私を認識され、労って下さりながら苦衷を漏らされたりもした。自分の立ち位置を自覚し極力控えて聴くのみであったが、言葉や行動に表現できない、決して否定的であるだけではない矛盾を含む家族の気持ちが行間から伝わってくることもしばしばであった……。

病理性、問題性の他に「潜在可能性に気づく」大切さと課題を抱え苦悶しつつ生きる人に敬意と労いの想いをそっと支援に携わりながら抱くことが私の習い性になった。

二　多面的に観察し、多軸で、考える

人の行動の異常さについて、原因を推測することは比較的容易かもしれない。しかし、安易に一つの軸に添って、問題発生の因果関係を納得しない慎重さを持って、多軸で観察し、考える姿勢が大切である。

小学三年生から不登校で緘黙の一人っ子、中学二年生の少女が父親に伴われて来談した。平素、

ほとんど筆談、最小限の小声の会話とのこと。戸外では緘黙を貫いている、と。父親は職人、実直そうで心優しいという印象。少女は小柄で痩せぎす、伏し目がち。全身を神経にして、こちらを観察、観取している雰囲気が伝わってくるように思われた。二人は同席面接を求め、この状態ではと応じた。父親は伏し目がちに母親が総合病院で長年、ほとんどの科を受診し、精神科でパーソナリティ症と診断され、服薬しているが不変。家族以外交流する人もない、不憫で離婚しなかったが疲れた……、と。

少女は小声で「お母さん、怖い」声が出なくなり、紙に「でも……」と書き、手がとまる。「でも、お母さんは一人きりの大切な人……」と続けて書くと少女は眼を見開いて私を凝視する。母親を否定しきれない・繋がりへの渇望感……。

母親が一人で来談。「体調が悪く父親に任せようと思ったが、娘が声を出したというので訪ねる気になった。これまで娘は治療先を転々としたが効果がなかった」と治療機関に対する批判しきり。ふと「反論されないんですか?」「はー、お気持ちを伺おうと……」母親はやや穏やかになり「こちらへ子どもを通わせたい、本人もそう書いた」と席を立ちかけられると足がもつれた。話の途中、会話のテンポが少し乱れる印象があったこととといい、何か気がかりで、「医師でなく失礼ですが、大事をおとりくださるよう……。安全のため、受診を」というと、「そういえば、来る電車のホームでふらつき、危なかった。これから帰途、行きつけの病院へ行く」と素直な返事。

夜、父親から電話、緊急といって大学に電話し、無理にお住まいの番号を教えてもらった。妻は脳腫瘍、即時入院、回復はないと……。もっと早くそちらへ行っていれば……。傍らで少女のすすり泣き。親戚は力になってくれない、途方に暮れた、と気落ちした父親の声。

少女は「母親へのお見舞いにせめてもの贈り物」と登校し始めた。担任教諭や級友も少女を支える気持ちになった。給食の調理師さんが母親のためのスープの作り方を教えて下さった。少女は「お母さんの心配を減らしてあげたい、自分のするべきことをする」と。母親の亡くなる一週間前に高校合格を枕元で報告した。

三　自己省察を怠らない

私が二〇代であったときのこと。ある精神科病棟医長が「彼の知的素質は低くない、重篤で崩れてしまっているとは考えられない。面接してみて」と学齢期に発症したという統合失調症の青年のベッドサイドへ私を伴われた。その青年の顔面は青ざめ、瞑目して微動だにせずベッドに横たわっていた（廊下を歩きながら氏名と年齢と病名だけが告げられ、その青年についての他の情報は知らないままの出会いであった）。主治医は「この先生と少しお話ししてごらん」と青年に呼びかけた。最初、聞こえないように動かないが、再度の呼びかけに薄眼を開けてこちらを見てから少し経って、彼は起き上がり、床に立った。「こちらへどうぞ」黙って、足を引きずるように歩き、面接室で着席された。自己紹介して挨拶したが、緊張なのか、歯をガチガチ噛み始められ、天井を見上げたきり。ガチガチという音だけ……。二〇分ほど経過した。「お疲れなのでは？　ベッドへ戻りましょうか？」。応えなく天井を向いてガチガチ……。突然「純粋だね！」と。我が耳を疑い「え、誰が？」顎《あご》を私のほうへ突き出し、それが答え……。次回、約束の時間に彼はベッドに腰かけ、ドアのほうを向いて待っていてくれた。驚き……。

一年を経て、彼は他者との交流はぎこちないが表情に生気が戻り、退院して家業に従事するようになれた。家業の手伝いを通じて、家族や世間を受け入れられるようになったと話しながら、私に問いかけた。「僕がそれまでとは全く変わって人と話そうとし、少しずつ変わってきたわけがわかりますか？」私には全くわからなかった。

彼はあの初対面の状況とは別人のように落ち着いて話した。「初めて、先生を見たとき、この人は幸せな家庭に生まれて可愛がられ、世の中に出ても、みなから良く思われ、幸せの世界に住んでいる人だと思ったのです。でもこの人は何時も自分は足らない、足らないと思って自分を反省しながら生きてる人だと思えたのです。僕は病気で足らないところだらけです。でも良くなりたいと思ってる、そこは先生と同じだ、全く別の世界の人じゃないって思えたからなのです』。それは過大評価！　しかし、彼の着眼点に心打たれ、遅まきでも私も言い訳をすぐしたくなるエネルギーをもっと顧みるほうへ向けよう、と思ったのであった。

面接や出会い方には目的によって、質の違いはあろう。いわゆる技術的レベルで技として考える、これも相応に貴重である。一方、精神科での出会いは技術を支える、あるいは用いる人の存在のあり方は表面にはそれと明示され得ないかもしれないが、諸々の治療的技術や営為を底で支えているのではないかと思われる。

かつて、矯正施設や児童自立支援施設から世に出て、寄る辺ない境遇の青年たちのために、広岡知彦（注）は朝日新聞社の社長を父に持つことを秘し、国際的にも業績が注目されはじめた料学者であったのを、父親に「お父さん、僕よりできる人はたくさん居るよ」と告げ、リヤカーを自ら引いて古紙回収を元に今日の自立援助ホーム（現在は児童福祉法に基づく施設として全国に一一八カ所設置されている）を創設した。広岡知彦の言葉「専門家とは存在である」。これを仕事に臨むとき、密かに自問しようと思いつつ、この通奏低音がときに弱くなることを今ここに反省している。

（注）広岡知彦　一九四一年生まれ。東京大学理学部卒。理学博士。「憩いの家」の創設運営に尽力する一方で、児童福祉の向上に向けた幅広い活動に取り組み、子どもの虐待防止センター代表もつとめた。

類型化した視点と個別的視点

一九七〇年代の終わり頃、未熟であるにもかかわらず、私は自閉症児の療育について、イノベーティヴに力を注ごうとされている或る機関の心理職の方々へのスーパーヴィジョンをお引き受けした。専門機関として声望が高いゆえもあってか自閉症と診断されたとりわけ重症の子どもたちが多く集まってきていた。当時はいわゆる科学的アプローチが強く提唱され始めており、受容的と見なされるプレイセラピイなどの心理的アプローチは効果がないとされ、科学的な行動療法こそがいわゆる重篤な自閉症の子どもたちには効力が期待できるともっぱら強調されていた。しかし、現実には、グループ場面でも個人セラピイでも、行動療法を用いたからとて、著効が現れるというわけではなかった。

その頃、別の機関を訪れ、単語をカード学習を通して覚えるという行動療法の部屋でのこと。単語を一つ覚えるごとに、賞として与えられるベビースターラーメンの空き袋がゴミ箱を一杯になっていた。「こうして覚えた言葉を子どもたちは実際の生活で実物に即して使うようになりますか」とお尋ねすると、「いいえ、動物園に伴っても、通路を表情なく歩き、促すと顔はまっすぐそのまま、象の方を見ないで『ゾウ』と、ライオンの檻の前でも同じです。そこが発達障害児なのですね……」。私は考え込んだ。人はある実体をいささかの感動をもって認識し、その実体に固有の名称があると知るとき、その経験こそがその人にとって、言葉の意味を実感を伴ってその人の言葉として用いられるようになる始まりであろう。そういう言葉をこそ人は自分の言葉として、そして他者と共有しうる言葉として使うようになれるのではなかろうか。行動療法を批判するつもりではない、クライエントが現実的に少しでも生きやすくなるためには技法の用い方について意識的であること、さらに多面的にさまざまな事実との繋がりの中で考える重要性を再認したのであった。

思い迷ううちに一年を経た。そこで適用されている療育方法に戸惑っている私は期待されている役に値せずと「一身上の都合」と辞した。院長先生は「貴女の本当の理由は察しています。自分たちも確たるものがまだ捉えられていなくて……」と仰った。臨床の方法とは常に進歩発展していくはずのものであるが、当時は実にさまざまな考え方、方法が同時並列的に発表されている感を抱いた（私の認識の間違い？）。

大学の研究所にも病院やクリニックから自閉症、ＡＤＨＤと診断を受けた子どもたちや気持ちはあれども戸惑いや疲労困憊で立ち尽くすような状態の両親や家族の方々、学校の先生、時に雇用者など、発達障害をもつ当時者以外のさまざまな方とも多くお会いするようになった。それぞれの立場で何が必要なのか、どうすればどう改善していけるのか、どうしたら愁眉が開けるのか、と困惑しながらも、どの方々も一生懸命な面持ちで来談された。新薬が発表されるや「この薬を飲ませると言葉が出るのです」と語られるお母さんの必死の表情で胸をつかれる想いになったり、砂糖が発達障害の発症因だという書籍がベストセラーになったり、一方では子どもの障害をめぐって夫婦の意見に亀裂が生じたり、障害をもつきょうだいを健気にかばい世話をして親から頼りにされていた思いやりのある誠実な姉弟が消耗して精神的不調を来してしまうとか……。当の障害をもつ子どもを的確にアセスメントするという営みが中心となることは勿論だが、かかわりのある周り、いや一見直接かかわりがないかに見える全体状況にも注意を払って理解していくことの大切さを再認した。いかにも聞き取りをするという面接よりも、的確なアセスメントを形成するために必要な事実を相手から率直に語ってもらえるような自分であるには何が必要かとそっと自問するようになって今日に至っている。

時と所と相手の違いによって、人は行動の仕方が違う。当の発達障害児は来談するその場や、その子を伴ってくる保護者と一緒の時と同じ行動をどこの場所でも常にしているのであろうか？　当時から家庭を訪ねたり、その発達障害児が在籍する学校へ伺い、教室場面や休憩時間の様子を見学したり、クラス担任以外に他の先生や校長先生、管理職の先生とも自然にお話しさせて戴くことをしていた。時には学校側が私を「この方は地方の学校の先生で、東京の子どもたちはどんな風に勉強しているのか見学に来られたのです」と紹介され、休憩時間に生徒たちのほうから、一人ではことを処していくのが難しい件の発達障害児にどう接したら良いのかいろいろ尋ねてくるなどということもあった。

また、療育機関での親子合宿にも幾度か参加した。昼間は子どもたちと戸外で山登りや水遊びなどをし、夕食後、子どもたちの就寝後、深夜一二時までが保護者とスタッフとの話し合いという時間割だが、子どもたちは昼間の感興冷めやらず、そう計画通りに運ばない。遅く始まる保護者の会は模範答案のような発言が相次いでいて、やおら終了予定時刻近くなると、さまざまな対応に困難を感じておられる家での課題や先立つ親としての不安、先を考えての物心両面にわたる配慮、準備など現実的で重い話題が率直に語られ始め、気がつけば窓外が白んでいることもしばしばであった。この会の発展として、成人の障害者施設へ御一緒に宿泊見学などにも出かけた。当時は周辺にはそういう行為は稀で、周囲からは学校の先生に来所して戴けば良いのです、との意見も聞かれたが、時間を工夫してそれぞれの現場に赴くということを心がけた。

日々、模索というような営みを続けてきて、発達障害児と診断される子どもたちは仮に中核症状は出揃っていてその点は共通していても、その子どもたち、いや大人の発達障害の人たちもその人の独自の特徴、好きな、あるいは得意なことがあり、個人としての特性がある。多数派の原則への順応を促すばかりではなく、個々人の特徴に着目し、それを活かし伸ばすことを考えたい。環境への順応を促すばかりでなく、個人の特徴にマッチした環境を用意提供し、その特性がいたずらに問題視されるより、活かされる環境を見出し広げる努力も必要だと思う。

当初の科学的であることの大切さという意味は承知しながらも、私は目前の発達障害をもつ人を理解するにはどうしても多面的、多次元で観察し、多軸で考えること、そして可能性を根気強く考えて多面的にかかわることが必要だと考えそれを実施しようとしてきた。常に迷っている私に対し、御著書を戴いたり、拙宅においで下さったりと久しくご厚誼を戴いてきた山上敏子先生のお手紙に「私は行動療法を致しておりますが、先生のご本を読むと私と考え方やそのほか同じです。何が違うのでしょう……」という一節があり、恐縮だがそうだ、そうだ、と首肯したりもしたことがある。

当然で平凡なことであるが、発達障害についてはまず、医学的診断をもとに、そのクライエントが今までどう生きてきたのかという時間軸にそって、生育・生活歴の事実を知ること、周囲の環境、つまり親や家族、近隣、学校、職場や地域社会と経時的にどういうかかわりを重ねてきて、現在はいかがな状態か、これを客観的事実として、またそれらの経験を当のクライエントはどう受けとって来たであろうか、という事実を知ること、それを元にどこからどう支援を着手するか、すぐ何か既成の技法適用を考えるのではなく、個別に即応するように考えたい。アセスメントは経過の変化に即応して当然変化する、用いる技法もその変化に対応するように検討する必要がある。時には状況に応じて危険のない臨機応変の創意工夫を支援技法に取り入れることが望まれよう。

終わりに願うこととして、障害が重く、不如意なことが多い人にも何かその人にとって生きている楽しみ、歓びが見つかるようにということをこころに留めておきたい。自閉症でかつ視覚障害をもつA子さんは音、それも揺れるような音が好きらしいということを一緒にいて気づいた。それを聴いて、お父さんは出張されるとき、その土地の社寺で、土鈴をお土産に持ち帰られるようになった。気持ちが鬱《ふさ》ぐとき、あるいは昂ぶりすぎるとき土鈴の音は慰めと楽しみになっているという。

B夫さんは一人でいることを強く好むことと目覚まし時計をはじめちょっとした機械の分解（復元不能）に固執し、周囲を悩ませたりしていたが、養護高校卒業の頃には分解→破損の代わりに、不具合を修理という技を簡単なものならこなせるようになった。現在は夜間、オフィスビルの点検・保守整備の仕事が人に会わず、自分のペースで仕事ができると勤続している。きちんとしていたいと必ずネクタイは日替わりで着用し、無駄遣いしないので色とりどりのネクタイが増えていくことが仕事継続の励みだという。

C夫さんは病弱の母親を気遣い、自ら決めて養護高校卒業と同時に施設に入所された。「これから、センセイにはてがみかきません。ボクにてがみださないで……」と薄い鉛筆書きの葉書をもらった。四年後、「シセツでがんばれるようになりました。だいじょうぶです」と葉書が届いた。それから四〇年経た。年に三回くらいの葉書来信は少しずつ文章が整い、漢字が増えている……。「先生に出す葉書だからと辞書を引くのは嬉しいです」と。C夫さんの木工細工は丁寧で美しいと作品展でも好評だと施設の方のお話である。

発達障害という概念が昨今、広く世上知られるようになったことは人々の理解が広まり深まるためには望ましいことではある。だが、人は誰しも他ならないその人という存在である。障害名でその人をどこかひとくくりしたような捉え方ばかりをするのではなく、「その人」に出会おうという気持ちを大切にしたい。

心理的支援と「生活」
——生活を問い直す——

はじめに

人が生きていく上で抱く心理的問題の背景には、生物・心理・社会的要因が輻輳してかかわっている。したがって、人が遭遇する生きにくさに対しては、一見精神的問題に見える場合でも、狭義の心理学的、精神医学的理論だけで事態を説明してこと足りるとするのではなく、複眼の視野で観察し、多軸で考え、多面的にかかわる姿勢が必要である。現に、クライエントの抱く障害や疾病は消褪せずとも、生活の質を向上させることによって、生きやすさは増す。青木も「人生の悩みや病気の症状と生活とは、相互に影響しあっている。悩みや症状を直接変化させることは難しいことが多いが、生活を少しでもよいものにする工夫は、意外にある。悩みや症状を洞察するよりも、自分の生活のあり方に気づく方がプラスになることが少なくない」と述べている（青木、二〇一一）。

一　心理支援と「生活」について考えてきた経緯

半世紀も前のこと、家庭裁判所調査官になり、非行少年や家事事件を通して、「生活」をどう捉え、考えるかが人が生きる上での問題解決に基本的意味を持つことに思い至った。この気づきの過程については事例を基にすでに論述してあるが（村瀬・青木、二〇〇四）、ここにその事例の要旨を素描しよう。

家裁調査官になって三カ月余のこと。中学二年男子Kの窃盗事件を担当することになった。窃盗の件数は多く事件記録は分厚くずしりと重かった。怠休して、街頭を彷徨していることが多い、と記録され、二人の兄たちはそれぞれ服役、少年院在院中、父親は借財を抱えて出奔居所不明、母親は病死、Kは高齢の養育監督能力の無い父方祖母と二人暮らし、非行性は習慣化し社会性も著しく遅れている。環境条件の不備からして少年院送致による矯正教育が必要との警察、検察庁の意見が付されていた。周囲の先輩はKはおそらく兄たちと同様の道を辿るであろう、処遇意見提出は少年院送致で迷うこともない、と。確かに、非行性は進んでいると思われた。だが、初回の家裁継続である。まず、本人に会って考えようと居所の定まらぬ少年に面接日時の伝達を地元の警察に依頼した（電話は今日のように普及しておらず、郵便では少年に伝わる保証がなかった）。

人の住処かと訝《いぶか》られる古びた平屋に少年と祖母は待っていた。挨拶する私に祖母は涙声で「孫たちが次々道に外れて世間に申しわけない、自分は視力も衰え、老衰で監護力もない、調理もできず、缶詰とパン食、たまに近所から汁物を届けてもらう、役立たずで……」と語る。Kによく待っていてくれた、と声かけすると、一瞬警戒心を緩めかけたが、やせた小柄な身体で精一杯身構えてこちらを睨み付ける。ふと見ると、垢で汚れて光った制服のボタンがちぎれ、袖の肘がかぎ裂きでだらりと垂れ下がっている。衣服も整わない状態で相対するのはそれだけでも自尊心が傷つくであろうと、悪いけど裁縫しながらお話しさせて、と手早く制服を繕った。「さあ、これで中学の制服」と手渡すと、祖母は泣き声で感謝し、Kはちょっとはにかんだ。送致事実を尋ねていると真剣に思い出そうとし始めた。言葉は粗野だが、その状況の記述の仕方などから素質はさほど低くなく、環境のゆえに経験不足から成績も最下位なのだろうと思われた。非行事実が多く、確認に手間取り昼過ぎてしまった。パンを買ってくるからお裾分けしよう、というと小声で「温かいうどん食いたい」と。祖母はたしなめ、私も自分の役割、立場を考え一瞬逡巡した（今は温かい汁物が人の食べ物として要るのではないか……）。近所の雑貨屋で乾麺を求め、かけうどんを作った。

「うまい……」とKの小声。「出汁のきいた温かい食べ物は久しぶり」と祖母の涙声。（家裁調査官がすることではない……これからどう運ぼうか、私は飲食どころではなかった）食後のKはこころなしかあどけない表情になり、言葉を探しながら気持ちを語り始めた。寂しさ、怒り、恨み、屈辱感、恵まれない（多くを剥奪された）人間は人様のものを盗んでも当然という強弁も交えつつ……。そして、どうせ兄たちと同じようになるしかない、とも。「生きていくときには分かれ道に出会う。裁判所は君が自分の道を見つけられるように、君の本当の気持ちを知り、周りの諸事情をも総合してこれからのことを決めるのだ。望みがそのまま叶うとは約束できないが、自分のこととして、起こした事件のこと、自分はどうしてこうなってきたか、これからどうなることが望ましいか、何から手を付ければよいかについて考えることを今するのだ」という主旨をわかりやすく繰り返した。

Kは破れた畳に目を落として考え込んだ。「普通の中学生になりたい。まじめになりたい。この土地で自分や家族は軽く見られているが、ここが好きだ。ここにいたい」「こんな風に考えたのは初めて……」Kはひたと私を見つめた。出会い頭の身構えた眼差しとは違って、Kの意志が込められ、真剣になっているように見えた。

前もって、ご相談したい旨連絡してあった民生委員と保護司（兄たちを担当し、遠縁者）がうち連れて来訪された。戸外へ出て、三人で話し合った。「Kの家はすでに人手に渡っており、祖母には近日中に告げるが民生委員や縁者で相談し、祖母の高齢者ホーム入居先は決まっている。これまでのKの行動から考え、少年院送致が望ましい、ちょうどよい機会である」これは至極当然の見識であろう。だが、私は必死に話し出していた。

Kがやりとりの中で示した変化と希望、もちろんその望みは彼の今の主観であって、実現のための支えとなる資源は乏しい、彼自身、自分の言葉を裏付ける行動をした実績はほとんどない、一方その環境は今夜の普通の食事すら……、つまり生活の基本すら保証されていない。しかし、彼が人としっかり向き合って話したことや自分の言葉を真剣に聴かれたことは久しくなかったのではないか。初めての決意を真剣に聴いて貰えたという経験こそが人が他者の言葉を聴くことができるようになる元であろう……。その意味でKの決意を何とか受けとめたい。だがそれは今の現状では無理。何だか不条理……。こう話し始めた自分を恥じ、困惑しながら止められず話していた。二人の先生は声を低めて相談し始められた。

「お嬢さん、いえ家裁の先生、仰るとおりだ。この村落のはずれに施設で育った天涯孤独の若い家内工業主D氏がいる。誠実で周囲の信望も厚い。奥さんと赤ちゃんの三人家族。彼にKを預けてそこから中学へ通わせ、私たちも繁く相談に乗ろう。中卒後のこともわれわれで考えよう。この土地で育てよう。D氏は自分の生い立ちと重ねて考えわかってくれる。これからKを伴い、頼みに行きましょう」唐突で一方的である。だが、Kは「頼んでほしい、マジメになりたい」とはっきり言葉にした。

D氏の家内工業の住まいは質素だが清潔で小さな植木鉢の植物など活き活きしていた。D氏と赤ちゃんを負ぶった奥さんは研磨機に向かって仕事中であった。D氏は二人の先生から話を聞かされ、驚かれたが、真剣な表情でしばらく考え込み、奥さんの目をじっと見つめて「いいだろう」

と。奥さんも素直に同意された。中学卒業まで、生活をともにし面倒はみる。その代わり、労働基準法違反だが生活が苦しいので、毎日二時間工場の手伝いをする。職工の技術も身につくはずだ。親代わりをしよう。即決であった。Ｄ氏は「自分は一人きりで努力し、ようやく今の生活が持てた。似た境遇だ。君も努力してほしい」二人の委員の先生も改めて協力を約された。

Ｋの着替えや学校道具を四人で取りに戻る途中、中学へ寄り、ことの次第を報告し、配慮をお願いした。Ｋについて半ば諦めかけられていた中学校側は驚き歓ばれ、特別補修などを約束された。身の回り品を持って、Ｄ氏宅へ引き返す途上、「先生は街の人に見える。皆にきかれたら恥ずかしい」とＫは小声で口ごもった。「亡くなったお母さんの東京に住んでいる妹にしたら？」「そうだな」あどけなくＫは微笑んだ。彼を預けて辞し去る私たち三人に向かって、Ｄ氏一家とＫは戸口に立って、見送られ、振り返る度に深くお辞儀をされた（お辞儀を深くするのは私なのに！　身を捩《よじ》る想いであった）。

試験観察期間を順調に過ごし、中卒後、Ｋは腕のよい研磨工になった。新人の調査官がよい結末をもたらしたと周囲から賞揚されたが、それは当たらない。私の存在や営為ではなく、Ｋの成長変容はさまざまな地域社会の中の生活を通しての支援の成果である。Ｄ氏の元で基本的生活習慣を会得し、働き手として必要とされた経験はＫに自負心をもたらした。Ｄ氏の赤ちゃんのお守りをすることを通して、Ｋは気持ちが通い合うという懐かしい感覚を取り戻した。鶏の世話や植物の水やり、その他さまざまな体験を通して、Kは人やもの、ことへ丁寧にどうかかわるかを学んだのである。D氏夫妻の誠実な暮らしぶりをモデルとした、二四時間の生活を通して、Kは育ち直り、自尊心を持つに到った。突然Kの保護者役を引き受ける度量の深さを持ちながらも、D氏夫妻は現実をAに示された。私はそのしなやかなバランス感覚に感じ入った。また、高齢者施設の祖母のもとにKを伴われたり、中卒後の暮らしについて、保護司や民生委員の先生方が手助けされたこともよい予後をもたらしたのであった。

思慮に裏打ちされ惻隠の情に支えられた日常生活と人間関係はどれほど確かに人のこころを癒し成長させ得るか、その時私は強く瞠目させられた。資質に脆弱性を抱え、パーソナリティの基盤となる確かな対象関係を享受できなかった、いわゆる育ちなおりが基本に求められる子どもに対しては、いかに洗練され優れているかに考えられる理論や技法でも、単一に用いることは不十分であり、視点を多くもって、緻密に気付き観察し、いろいろな面、つまり多面的にクライエントの必要性の変化に応じて支援の方法を現実に即して考えながら柔軟に提供していくことが必要なのだ、という今日に到る問題意識が芽生えたのである。

生活を視野に入れ、クライエントの二四時間の生活がその変容成長に資するようになるにはどういう要因が求められるか、これはその後、発達障害の子どもたちや統合失調症の人々、いわゆる境界性パーソナリティ障害を持つと考えられる青年たち、社会的養護児童（児童自立支援施設に措置されている非行性を持つとされる子どもたちも含む）へと心理臨床の営みで出会う人々の対象は広がってきたが今日に到るまで一貫した課題である。

第一に、見事な論理的整合性をもって構成された心理療法の理論や階梯《かいてい》化されて整ったプログラムは有用ではありえるが、現実は既成の理論や技法を超えていることが多い。個別の状況に即応した考え方や方法が必要である。第二には人の心のあり方は来し方の生い立ちと現在どれだけ支えとなる環境があるのか、そしてそれらをもとに自分の将来をどのように思い描き希望をどう持てるかと密接にかかわっており、同様の資質を持っていても置かれてきた環境、その後どういう人やことの関係に恵まれるかによって大きく変わる。つまり、生きにくさを解決していくには、当面問題となる焦点をしかと捉えながら、全体状況を多焦点の視点で捉え、統合的に考え、アプローチすることが望ましいのではなかろうか。

二　「生活」と人のこころ

生活とは「人が命を維持し、育むために行っている必要不可欠な活動であり、その活動は衣・食・住を基礎として、次のような関係性の元に営まれている。まず第一に家の内の人間関係では、夫婦の関係、親子関係、兄弟姉妹、その他の関係がある。家の内と外に繋がる関係として職業生活、社会生活がある。

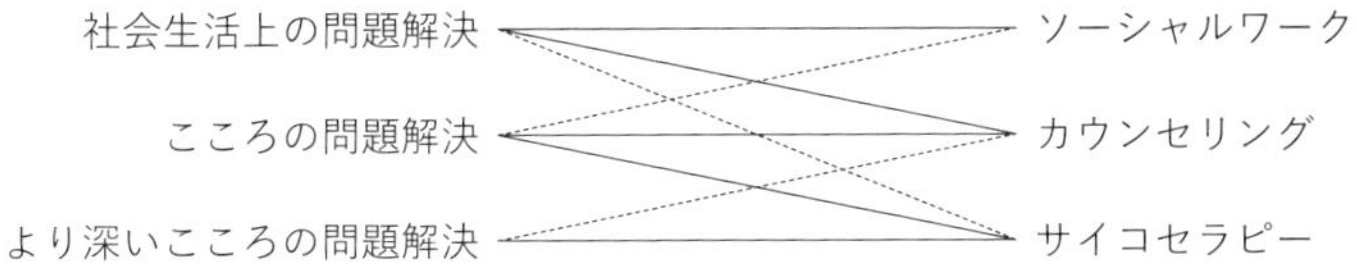

図1　アプローチ間の関連

ところで一方、心理療法が対象とする人の「こころ」について、『広辞苑』では「人間の精神作用のもとになるもの。知識・感情・意志の総体」と定義されている。これを実体に即して平易に表現すると、「人が自分自身をどう捉え認識しているか、他者や物、事へどのようにかかわるか、それらの現れの総体」といえよう。つまり、こう考えると人が少しでも生きやすくなるように心理的に援助するということは、生活全体を対象として視野に入れ、当面の課題や目的にそって、生活に即して、考え方、感じ方、振る舞い方などについて着手できるところからかかわり、成長変容を目指していくということが意味がある、いやむしろ必要であるといえる。

さて、人が生きていく上での問題、生きにくさに対して、個別に即して、複眼の視野で観察し、多面的に考え、かかわる、つまり生活を視野に入れて統合的にかかわるということは従来のさまざまなアプローチと下記の図1および図2のように関連づけて捉えられるのではなかろうか。

つまり、ソーシャルワークとは人が生きる上の問題を個人と環境（ミクロのレベルからマクロのレベルまでを含んだ）の不適合状態と捉え、この不適合を解決するために二つのアプローチをとる。一つは対応力を高めて個人を

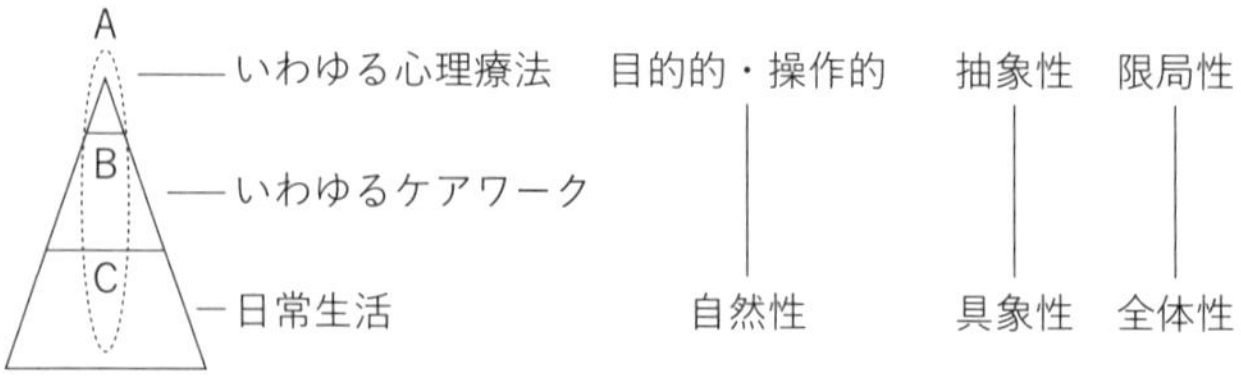

図２　日常生活と支援の関連

エンパワーすること、一つは環境に働きかけて個人が安心できるように調整すること、つまり人と環境に働きかけるエコロジカルモデルがソーシャルワークにおける基本枠組みである。一方、いわゆる心理療法は人の心理に焦点をあて個人の変容を目的とするアプローチとされている。しかし、図1の破線が示すように、それぞれのアプローチを一応定義しても、現実にはソーシャルワークの場面でも、時に非常に深い内面的交流がなされる場合がある。次いで、図2はいわゆる心理療法と施設のケアワーク（児童自立支援施設では教護の営みと言えようか）の特質をあえて図にしたものである。生活を視野に入れた支援とは、一見日常生活の営みと見える活動の中に、心理療法やケアワークの考え方、技法がさりげなく織り込まれているといえよう。（図の破線部分）

三　心理的支援の基礎となる「人としてその存在を受けとめるために」

現れている問題の性質や診断名は同じでも、クライエントをまず全体的に人として遇することが臨床では基盤である。ＡＤＨＤのＡ君ではなく、〇〇の特徴をもち〇〇が特異なA君はＡＤＨＤでもある、とか資質や社会経済的位置の如何にかかわらず、今、その人がそうある必然性を事実として中庸の態度で受けとめることが基本である。さらにひとり一人に即応したアプローチを行うには、状態の変化につれて技法には創意工夫が求められる。面接者はアプリオリに暗々裏に用意した枠組みに添って、一見、形式的に整った、論理的整合性に益する情報をこちらの都合で集めるのではなく、クライエントがまず伝えようとすること、その態度に現していることを受け取るように面接や行動観察を進めていく。そして伝えられたことに纏《まつ》わる疑問についてたずねながら、面接者は時間・空間軸に沿って、クライエントの人間関係、社会経済状況、さらにはこれまでの生育・生活歴、さらにこうした要因が現在の生きづらさにどうかかわっているのか、その生きづらさの特質と程度、活かしうる要因など、全体像を描き出していく（村瀬、二〇〇八）。

この過程は「気付くこと」とそれをもとに知識、経験を総動員して想像力を使ってクライエントについて理解の精度を高めていく過程である。

四　生活と連動したアセスメント

いわゆる症状や精神内界に直接働きかけることを中心に重点を置くのではなく、生活を視野に入れた全体的かかわりを効果あるものにするには、漫然と生活場面を共にするとか、面接場面で生活状況に言及するばかりではなく、次のようなアセスメントをさりげなく常に行っていることが必須である。たとえば、生活場面における一見何気ないクライエントに対するかかわりもその時その状況におけるアセスメントに裏付けられているものでありたい。

(1) とりあえずの現状――自傷他害の程度、急性かまたはトラウマ、PTSDである可能性はどうか。支援者としての自分が提供できること、自分の取り得る責任、器として自分は？
(2) 問題の性質や病態の水準――本人はどう自覚し、周囲の認識は？ 適応の程度はどれくらいで、活用できる資源は？ 言葉と感情や思考内容、行為の繋がりの程度はどれくらい的確か。
(3) 問題とされていることや疾患に纏わる要素――器質的要因、身体的状態、薬物や環境要因がどうかかわっているか、本人はそれをどう受けとめているか。
(4) パーソナリティ――自分や他者をどう捉えているか、ストレスへの耐性、内省力の質や程度、感情の状態はどうか。
(5) 発達――平均に比較しての心身の発達状態、時間的展望をどう持っているか。
(6) 生活のありかた――家族やその他の人間関係、生活リズム、地域の特徴、社会経済状況、生活の物理的条件（住居、地域の環境）

（7）拠り所としている対象（人、もの、こと）、潜在可能性、素質が現実的にどう機能しているか。

五　面接や援助過程の理解は仮説である

臨床においては、見立ての仮説は過程が進むに連れて、精度が高くなっていくのが事実ある。しかも問題や疾患の背景にある生活全体を視野に入れる援助においては、次のようなことに留意が必要であろう。

（1）症状や問題への注目の他に、蝕知し得ない可能性、クライエントの変容可能性に注目していること。

（2）疾病や問題を持つ人という限定された視点よりも、社会的、歴史的存在という全体的視野をもってクライエントを理解する。わからなさや不確定さに耐えること。

（3）ジェネラルアーツと諸々のリソースを多く持つ努力をすること。

六　生活を支える視点を取り入れた事例

【事例】家族成員それぞれの再生と家族の再結合

A夫は知的障害を伴う自閉症を疑われ、中学進学を機に知的障害児施設への入所を教育現場から提案され、両親は子どもと家族四人住み込み雇用されてきたが、この時点で雇用者から、重篤な発達障害を持つと見なされ、雇用を解除して成人の知的障害者施設へ入所することをすすめられていた。さらにA夫より二歳年下の弟B夫も兄と行動傾向が似て、全般的に適応不良であることから施設入所が示唆されていた。この状況下で判定会議のために面接が行われた。成績最下位、緘黙気味でいじめられても表情変えず反応しないと言われてきたA夫は万引き集団の見張り役をしているなど、予備資料には矛盾が見られた。知能テスト場面では、A夫は比較的素直に反応し、田中ビネーテストではあるが、結果はIQ80±5であった。しかも雇用者の部屋のゴミ捨てを頼まれて、ゴミ箱の中の外国郵便の切手を捨てずに手元において、時に眺めてはその未知の国について想像する、一方、問いには比較的素直に答えるのに「家族」「父」「母」と言う単語を使おうとしない、矛盾した不思議な子どもだという担当者の報告であった。

身繕いも雑で質素な身なりの両親は韜晦《とうかい》な表情を浮かべておどおどと着席された。私が面接の目的を告げ「結論は会議でだされる。あなた方のご希望通りになるという約束はできないが、ご両親の御意向をよく聴いて、それを元に私は会議で報告する。遠慮せずに率直にどうぞ……」と語りかけた。すると、夫婦は向き合って手を握りあい、しばし双方の目をのぞき込んだ後に、どちらともなく「言ってしまおう」と概略次のように語られた。

意見を述べるように、大事にしっかり聴くと言われたのは生まれて初めてでびっくりした。でも正直に話そうと気持ちが決まった。二人は養護施設出身で、父親は物心ついたとき、母親と路上生活をしており、五歳時にその母親は行路病者として亡くなり、施設へ収容された。母親は乳児期に駅舎に置き去りにされて、出自についての手懸かりは皆無であると。母親は涙滂沱《なみだぼうだ》。二人は施設で洗礼を受け、両親の代わりに神様が見守っておられると言われて育ってきたが心許ない……。当時の施設はいろいろな意味でゆとりなく、学業より園内の農作業で食料を補うお手伝いをして育った。卒園時「後ろだてのない者は小腰をかがめるように。能力のないものとして軽んじられても我慢して生きよ」と言われた（昨今のことではない）。今、自分たち夫婦は寮の住み込み管理人をしているが仕事は難しい。卒園当初の仕事も住み込みであったが、お年寄りの大奥様が親同様にいろいろ教えかばって下さり、子育ても助け教えられた。自分たちは天涯孤独なので、家族の生活に強い憧れと希望があった。子どもたちは幼児期は元気だった。だが、老衰で大奥様が亡くなると若い当主夫妻は冷たく厳しくなり、ことに陰で子どもたちをいじめるのが辛かったが雇用されているし、自信もなく黙っていた。兄弟の表情が失せ、学力は落ちた。養護施設の担当ケアワーカーで定年退職されていたF先生が、この窮状を知って今の職場を紹介して下さった。すでに子どもたちは学校になじめなくなっており、元来過敏な母親は感情不安定となり、子どもに不安をぶつける、そのあと溺愛を繰り返した。親としての力量がないことはわかる。子どもが健康でないこともわかる。施設へと言われているのも……。だが、自分たちは身を寄せ合って暮らす家族に憧れてきた。でも自分たちは力不足。ダメだろうけれど家族一緒に今の生活を続けたい、自分たち親子はこの世に居場所がない気がする。

「希望とあなた方の事情は会議で報告します。仮に希望されるような結論が出るとしたら、今までと同じ考え方、生活の仕方では不十分で両親として勤労者として変わっていかねばならない、お手伝いできることはします、だがご両親の覚悟が要ります」との筆者の言葉に二人は「変わることや覚悟することは嬉しいような、怖いような……」と。手帳を広げ、何かの時、連絡相談する人はこの先生（住所欄にはかつての担当ケアワーカーF先生一人）だけ、電話を教えて、と。この転期とこれからの課題多い道程を考え、電話番号を記すと、母親は手帳を胸に押し当てた。二人は真剣な面持ちで退席された。

予備面接の予想外の展開に戸惑いがありながらも、雇用主も出席した判定会議では筆者が中心になって支援するという条件付きで、両親の雇用は試用的に継続、一家の住み込み居住も一応継続可、中学普通級へ進学と決定。一家離散はひとまず棚上げ、経過如何によるということになった。

定年退職なさっていたかつての担当ケアワーカーF先生が来訪され「あの両親の行動特徴は生育環境による経験不足と自分の存在の根幹の不安からくるもので、いわゆる知的障害者ではないと考えていたが自分一人では致し方なかった。彼らのそれぞれの力を見出されて感謝している。自分は唯一の相談相手だったが高齢になったし、後を託せる人に出会えて安堵した」と。

新学期開始前に家庭訪問。古びた六畳一間は片付いている。雇用主によると名前は伏せて「大事な方の訪問」と告げると清掃片付けをした。人間は動機があると能力を発揮するものだと感じ入った、と。怯えた表情の心身共に一見線の細いA夫が待っていた。会議の決定内容は知っていると言う。「中学入学を機に手につくところから諦めずにやっていこう、誰でも中学で英語は初めて、遅れた科目のことを心配するより英語からやろう！」と「ABC……の歌」を歌うとA夫は小声でハミングし始めた。壁のカレンダーには母親が学校の行事を書き込んである（六年間、保護者会はすべて欠席、家庭訪問しても逃げるように不在だった、というのに……。子どもの教育に関心はあるのに接触を阻む何かが親にはあるのだ……）。この状況ならと話しかけた。「万引き仲間についてはは別の筋から指導があるはず、しかし自分の意志で決心することが元。今度誘われたら、自分の言葉で断ってみよう。暴力を振るわれるかもしれない。でも自分で変わろうと思うなら言葉にしてみよう。後遺症が残るほどの怪我はさせられないと思う。自分の正しい気持ちをはっきり表すと自分を信じられるはじめになるから……」（A夫はうつむいていた。何と厳しく苛酷なことを求めているのかと筆者は内心強く忸怩《じくじ》としていた）。テーブルの下からA夫が震える小指を差し出していた。筆者は無言のまましっかり指切りした。

この後三年間の経過を要約する。中学を訪ね、技術教科担当の受け持ち教諭にはA夫に準備室の整理係の役やその他の配慮で、居場所感覚が持てるようにお願いした。ある夜、A夫は万引きへの同行を断り、殴られてワイシャツを血で汚しながら帰ってきた、はっきり断れたのが嬉しくて抱きしめたところ、と母親の嬉し泣きの電話があった。兄弟には院生の治療者的家庭教師がつき、その傍らで夕食後両親も帳付けや伝票整理のための勉強をした。寮管理人としての仕事が果たせるようになっていった。母親へは彼女の役割である調理の要領や買い物のコツを伝えたが、この役は雇用主夫人が途中から替わられた。保護者会を避けていたのはその地域の山の手風の言動がわからないこと、服装がみじめだというので、ソーシャルスキルズ・トレーニング風に練習し、周囲に呼びかけて不用衣類を集めた。両親は学校の催し物に熱心に参加するようになり、それが他の父兄や地域に受け入れられる契機になっていった。地域の教会から日曜日の結婚式の裏方仕事を両親は依頼され、兄弟は教会信者の子ども会へも誘われるようになった。当初、両親は筆者に面接時間以外にも電話で相談してきた。だが、小さい神棚を求め、都の無縁墓地管理事務所に頼んでお骨を数片分けて貰って、自分たちの親だと祀《まつ》り、子どもに注意するとき祖父母が見ていると説き、さらに「迷うときは神棚を見上げながら、先生ならなんて言うだろうと話し合って、二人で答えを出すようになった。先生に相談しなくても大丈夫」と笑い声の電話があった。

この間、紆余曲折はあり、経過はただ順調というわけではなかった。だが、着手できる課題から、少しでも生きやすくなることを目的に具体的に手がけていくにつれ、家族成員それぞれに自尊心が生じ、自発的にものやことに取り組む姿勢がよい循環をうながしていった。A夫はその環境に理解ある雇用主の下で、技術者として住み込み勤務の傍ら定時制高校へ入学、弟も同じ道筋をたどった。二人は機械が好きなことも幸いし、子どもが巣立った両親が寂しくないように、そして電話代節約にと無線機を手作りして無線連絡を取るなど、別居後も繋がりや支えあいを大切にしていた。

七　A夫およびその家族へのアプローチの基底に志向されている要件

（1）目前の現実をまずはそれなりの必然として、そして人を人として遇する中庸の態度。
（2）変化する状況に即応した全体状況をも視野に入れた総合的アセスメント。
（3）（1）のために一見些細な事実にも気付くように、観察が大切。
（4）判断する前にまず聴き入る姿勢を。
（5）今、これからについてまず考える。
（6）具体的現実と裏打ちし合う、実体に裏打ちされた言葉を話し、記述する。
（7）心理支援者は自分一人の自己完結的営みを志向するのではなく、チームワーク、連携、コラボレーションを必要に即して行う。
（8）ジェネラルアーツを豊かに持つ努力、専門性についてはもちろん、生活者としてのセンスや技も大切に。

（9）心理支援者は自分自身の生について触れ、常に内省している。
（10）クライエントやその周囲にかかわる際に、一人称、二人称、三人称の視点をバランスよく併せ持つ。

八　日々の生活と活かされた時間

田中康雄先生が児童自立支援施設を訪ねられたおり、国道でのゴミ拾いや野球、その他生活場面を学園生と共にする中で、「生活」の意味について再考された内容について言及されているが、私も田中先生とご一緒した（田中、二〇一二）。子どもたちと早朝から、マラソンや縄跳び、掃除、洗濯物の取りいれ、そして食事やその後の自習時間などを共にする中で、改めて再認すること、考えさせられることが多かった。その一つに日常生活の流れの中で、こころの癒しや成長にさりげなく役立つ（決して大げさにとか、作為的にではなく）触媒の意味を持つような言動を傍らの大人がすることの大切さが挙げられる。例は枚挙に暇がないが、寮担当の先生も席を外して、学園生たちと率直に話し合う時間を設けられた時のこと。〈この学園に来てから、自分の成長したこと、良くなったことは？　遠慮しないで〉と問うと、少年たちは沈んだ表情で「別に」「何も変わらない」と口々に答えた。「朝、起きてお掃除して、朝食食べてる人、手を挙げて？」と問うと七人全員が挙手した。〈家に居たときは？〉彼らははっとした表情になり「昼過ぎまで寝てた」「朝ご飯なんて家にはなかった、学校で中休みに校外へ飛び出してパン買ってきて喰って叱られた」「友達の給食のおかず、とりあげてた！」〈今は？〉園生たちは園内での一日の生活の流れを思い浮かべ、「おれ、こういうことでも変わったと考えてもいいのですね」「きちんと暮らすって大事なことですね」「そういえば、中学生としての生活してます」などと答えた。〈どう、一日の流れが整ってくると？〉「めちゃくちゃだった自分が人間になったって感じ……」「なんか、少しすっきりした気持ちがするような……」。園生たちは気持ちを言葉にするうちに、表情に生気が浮かんできた。日常の生活を恙《つつが》なく送ることが学業やスポーツ、作業を良くやっていくことの元であることを納得して、その後の園生たちのグループでの話し合いでは、励ましあったり、他者の長所を見つけたり、希望について語り合い、その実現の手始めの営みについて考えるなど、展開していった（これはささやかな契機であり、すべての問題の解決ではないが……）。

人の心は一日二四時間の生活のあり方と連動してある。この平凡なしかし基本的な事実に留意していると、子どもたちが日常の生活場面で発する言葉や行動に込められた大切な問いに気づき、その子が今、どのようなことについて、どれくらい受けとめる力があるかを考慮しながら適切に受け応えすることが可能になる。心理的支援は面接室やプレイルームの中での営みも大切であるが、日々の二四時間の生活とこれらの個別的支援を適切に連動させていくことが重要である。

おわりに

心理的支援に際しては、人の言動の背後にあるこれまでどのようにその人が生きてきたのか、また、その人の人間関係や環境はどのようなものであるのか、そういう時空間の中にある自分自身をその人自身はどう捉えているのか、という緻密な焦点化した視点とさまざまな要因が関連し合っている状態を全体的に捉える視点とが統合されていることが望ましい。この視点を持って、生活場面を大切に考える、時には実際に生活場面にかかわる心理的援助はクライエントの自尊心をより多く支え、自分の生を主体的に引き受けていくことを促進すると思われる。

こころの窓を開いてくれた生き難さをもつ子どもたち

自閉症児には受容的遊戯療法は効果がなく、科学的アプローチが必要だと一九七〇年代終わり頃から提唱され始めていた。日頃の実践を通して、遊戯療法と称しても誰が如何に行うかによって、受け取り手には異なったものとして体験されるであろう。むしろ理論や技法を会得する努力と同時に、適用と禁忌について意識的であること、自閉症児には原則を十分知悉したうえで個別的かかわりを状態に即応してその都度工夫すること、ただし、その試みは当の自閉症児にとって、状態の改善が期待されると説明できること、そして責任が負えることを前提だと考えていた。

当時、自閉症の子どもを育てているお母さん方が流行のセミロングへアスタイルではなく、オードリー・ヘップバーンに似たショートカットの人が多いのに気づいた。伺うと、日々の養育に追われて美容院などいけないからだと……。さらに、迷惑をかける懼《おそ》れや話題になるのを憚《はばか》って、親戚や近所づきあいを極力控えていること、当の子どもは下校後、ＴＶの前で一人間食をしており肥満気味になるなどのお話も多く伺った。学校や治療・支援機関では相応の療育を受けているにしても、平素の日常生活が限定されがちなことに心痛み、それは子どもの心身の成長にとってもプラスにはならないと考えられ、心理職者であると同時に同じ一人の母親としても胸塞ぐ思いがした。

そこで、一つには治療者的家庭教師と名付けて、発達障害児の支援に関心を持つ学生や院生（必ずしも臨床実践に結びつく専攻課程の学生に限定せず、専攻は問わず、さまざまな専攻の学生をあくまでも当の子どもとよくマッチするという視点で選んだ）に、家庭に出かけて、学習や遊びに限らず生活場面を共にする活動をしてもらうことを試みた。この経験を元に保健行政に携わろうと公務員に、また別の歯学部生は発達障害児の診療に力を入れる歯科医に、またある女子大生は専攻を変更して今は福祉学研究者にとこの経験を直に活かしている。治療者的家庭教師を経験して、視野が広がり、多くを考え学んだと言う感想がこの活動をした人々から寄せられた。

Ａ君は二歳半で自閉症と大学付属病院の児童精神科で診断を受けていた。療育機関に通う傍ら、父親から知育を集中的に受け、漢字をはじめばらばらの知識はかなり持つものの、現実生活での対処力には全く繋がらず、コミュニケーションが極めてとりにくいこと、過敏で激しいパニック状態になりやすく、身のこなしや手指の動きが著しくぎこちなかった。一方、固執傾向と言ってしまえばそれまでだが、傍らで励ますと諦めず努力するところ、頑なに見えても自分の特徴をどこかしら感じとり、生きやすく変わりたいという感覚（考えの少し手前）を持っているのは強みだと思われた。

小学四年生になり、A君には文意を汲み取ろうと意図して教科書を読む努力が見えるようになった。だが単元「お招き」の意味がどうにも解らないのである。そう、招かれた経験がなく、学校と教育センターの心理支援グループ活動に通うだけの単調な生活体験のみでは、招待を受けた時のときめきや、先方を訪ねる期待や歓び、快い緊張など実感をもって理解できないのも宜《むべ》なるかなと思われた。生活空間や経験が子ども自身の状態に即応して広がれば心理的な成長や落ち着きを増すであろうと思われた。発達障害を持つ子どもの心理支援を私は当時かなり担当していた。

私の息子などは同じ日に複数の友達から招かれ、どうするかと迷うこともあるのに、一度も招かれることがない子どもが居るなど……。他家を訪ねることが意味を持ちそうな子どもたちをわが家に招いては如何と考えた。亡夫（村瀬孝雄）と小学生であった息子はすぐ賛成した。義理の母には安全には十分留意する旨お話しすると「想像がつかないけど……」と一瞬考え、「そうね、同じ子どもでもそういう人もねえ……」と賛成された。小さいときからある種の同質コミュニティで生きてきた義母には申し訳なく思い、だからこそ誰にとってもそれぞれによい時を過ごせるようにと自戒した。

教育相談について内地留学生として私の元へある県から派遣されている小学校の先生と一緒にA

君を自宅の昼食に招いた。電車に凝っているA君はお気に入りの私鉄に乗れたということで上機嫌で到着。好き嫌いなく早いスピードで食が進み食べながら好きな電車についての蘊蓄《うんちく》を甲高い声で披露……。A君は突然隣室に移って仰向けに大の字に寝て、呪文のような言葉をつぶやき始めた。食卓に残っている五人の間には心配の空気が生じた。息子が「そっと呼んでこようか?」村瀬は「なに、大人でいえば一服しているというようなところ、そのうち戻ってくるから落ち着いて……」なるほど一〇分ほどしてA君は席へ戻る。次は村瀬に向かい職業をめぐっての質問。A君「大学の仕事楽しいですか?」村瀬「楽しい時も難しい時もあるよ」A君「小学校も同じ!」と大声で叫んで嬉しそうに笑う……。

息子から将棋の入門を習ったこと、その時のバックグランドミュージックが美しいヴァイオリン協奏曲であったことに影響されてか、その後CDで音楽を聴く楽しみが増え、機械音のような大声で話すのを自分でも意識してコントロールするようにみえるとお母さんのお話であった。A君は帰宅して初めて自発的に作文を書いた。「お招きよかった、お泊りしたい……、おばあちゃん、ヤサシカッタ、片付けをしてよい子になる……」

その後、幼児から高校生まで十人を超える子どもたちが訪ねてきた。一人ひとりその子の関心と今役立つことという観点から考え、時間の過ごし方はいろいろであった。義母がさりげなくおやつを出してくださったり、ちょっとしたお土産を手渡されたりするようになった。ある中学生がカウンセリング研究所（大正大学）のスタッフに「家ではおばあちゃんが大将で、村瀬センセは家来だよ」と重大ニュースのように告げてくれたと伝えられる一幕もあった。いくつかの職場をへて、A氏は今、製本所で出荷する本の梱包をもくもくとされている。四〇年以上が流れた。「お母さんが亡くなったら、施設へ入ります。だから自分のことは自分でできるように少しでもなりたいです。学ぶことって今もたくさんあります」と律義に話される。

ある年、息子と同学級小学四年生のB君を誕生日会に招いた。それまで学校では全く浮き上がり、ひとり自由に動き廻っていて活動には全く参加せず、級友たちから避けられているということであった。B君のお母様は保護者会にいつも欠席であった。担任の先生にご意見を伺った。「ぜひ招待してあげて下さい、僕のことのように嬉しい……」と。御母様に電話で「お招きしたい」と。「誰とも遊べませんよ、それから多動で不器用です、お部屋を片付けておいて下さい」少し堅い声。一瞬出過ぎたかなと思ったが「高級な調度品などありませんし、皆と遊べなくても私が何か一緒に……」と応えた……。同級の男児全員一九人を招いたら全員出席の回答。

当日の朝は土砂降りであった。塵《ごみ》を出そうと門をでると何とB君が道路に跪《ひざまず》き、拙宅の門に向かってプレゼントの小箱を捧げもっていた！「まあ、これプレゼントを？ずぶ濡れになって……」B君を招じ入れ、衣服を乾かし、学校の門まで送った。一言で尽くせない想いで一杯になりながら……。

正午少し過ぎ、雨は止んでいた。子どもたちは賑やかにやってきた。B君は後ろからついてきた。いつもみかける飄々とした歩き方ではなく、目的に向かって歩くしっかりした足取りなのが印象的だった。

大量のカレーライスを作ったのは初めて！　カレー粉を入れすぎた！「口の中が火事だ！」「子ども向けの料理じゃないぞ！」大騒ぎになった。詫びながら別の品々を出していると、何とB君は激辛カレーライス大盛二皿をきれいに平らげていた！　子どもたちの話では給食は一切食べず持参のヨーグルトが毎日の昼食だと……。食後、他の子どもたちは遊び始めたがB君は私を手伝って食器を台所に何往復も運んでくれた！　これを見て他の子どもたちも食器運びの手伝いをしてくれた……。

食後、級友とのゲームには参加しにくそうだったので、私はB君と大きな紙に一緒にユニーク？な絵を描き、出来あがったその絵をお土産にB君を家まで送った。義母は「子どもたちが二〇人も一緒にわが家に集まるなんて初めて、でも終わってみると楽しかったわ」と。

学級担任の先生は学級日誌にこころにとどく言葉を書いてくださる方で、子どもたちはそれを楽しみにしていたが、何と彼らは次のような感想を担任の先生に話したのだという。要約すると「B君は僕たちとは関係なく、僕たちに関心を持ってないと思っていたが違った。やりとりはしないが周りをよく感じ取っているようだ。五人の友だちの誕生会の様子から思ったことは次の通り。先回りして世話するお母さんの家では親切にされているのにイライラが早く始まって、興奮した動きが強くなった。子ども同士に任された家では、学校での様子に似て一人でふらふらしていた。自然にそれとなく気遣う家では、自分からやることを見つけておちついているときもあった。お手伝いをした！　このあと、学級の子どもたちは自然な流れの中で、B君に声をかけ、学習場面や遊びに誘おうとするようになった、と担任の先生に伺った。

ある時義母がしみじみと話された。「はじめは怖かったの。でもわかったわ。あの子たち、いえ、あの人たちは恐いとか、危険な人というのではない。人を欺こうとか、傷つけようとか意識している人ではなかった。気持ちはきれいなのよ。そう、生きるのに不器用な人たちなのよ。気持ちはきれいなのに生きづらいのよね……。大変なことだと思うわ。世の中の良識の文脈にきれいに乗らないけどいい子どもたちだと思ったわ。七〇代も終わり近くなって、自分の世界が広くなるなんて思いもかけないことだったけど、いろいろ考え、楽しくもあったわ……」。なんと考え深い言葉かと私は感じ入った。「生きるのに不器用な人、本当はこころがきれいな人」真に言い得た表現のように思われる。義母が訪ねてくる子どもたちをさりげなく自然に迎えてくれたこと、いろいろ協力してくれたことが改めて感謝された。

義母は若い時の海外生活の友人と、散策や展覧会へ時折出かけていたが、帰宅が遅くなる時があり、心配したが、穏やかな表情で帰宅されるのが常であった。

義母は望み通り自宅で亡くなった。葬儀にお参りくださった方々は「お幸せそうなお顔、きれい……」といって下さった。遠い海外生活の時代から亡くなる直前まで仲良くしてくださっていた一人のお友達が「時々私と外出するとお義母様のお帰り遅かったでしょ、家族と一緒に暮らせるし、年とってからでも世間が広がって分かることがあり、私たちは幸せよ、とお義母様はおっしゃって、帰りに高齢者ホームの身寄りのない方々おたずねしましょう、と提案され、手土産をもって身寄りのない方々をお見舞いしたりしていたの……」と静かに話された。

それぞれの生を全うするために

遠い学生時代、臨床心理学の授業の一環として、発達障害を持つ成人施設へ伴われた。さまざまに気づき、衝撃を受けたが、中でも重く心に残ったのは、知的素質ではほぼ同じレヴェルなのに、ある人は穏やかで満ち足りた様子であり（その人なりの自足感ある様子）、他方、知的素質は同程度くらいなのに、いじけた険しい表情で、憤懣やるかたなさ一杯の態度で職員に注意され、叫んでいる入所者の姿に衝撃を受けた。驚く私たちに「猜疑心が強く陰険で……。他者に迷惑ばかりかけ、怒っている時間が多い人」と職員は説明された。ここを終の棲家と入所している発達障害者は生まれてから今日まで、無条件に褒められたり、好意の眼差しを向けられることがどれくらいあったであろうか。軽く見なされることも多かったであろう。そして、最後にほっと心安んじることなく、この施設でも満ちたりた気持ちになる時間が少ない。この人たちは障害を持つという籤《くじ》を引かれた。それは私であったかも……。人は誰しもその人相応に自信、生まれてきてよかったという暗黙の感覚を必要としているのに……と痛切に思いつつ帰路についた。

一九八〇年代のはじめ頃より、自閉症などの発達障害児に対しては、受容的支援方法は効果薄く、所謂科学的アプローチこそが有効だという主張が強くなった。感情に溺れて事実を的確に捉える努力を怠ってはならないのは勿論だが、質量の測定が明確にできる事象に対しては科学的とか、エビデンス云々と言う表現はすっと適用されるであろうが、人のこころのあり方については変数が多く複雑に関連しているので、個別に即して慎重でありたいと考えてきた。そこで、発達障害児のA君とか、LDのB子さんではなく、動物好きのA君はたまたま発達障害児でもある、毛糸編みが大好きなB子さんはLDと考えられる、という表現がより適切ではあるまいかと考えてきた（中井久夫先生とお話しししていたおり、先生は「疾患名や障害名をもってその人の特徴を表すのではなく、その人の全体をよく考えて、たとえば「似顔絵描きが得意なC君はASDでもあるというように表現する」とおっしゃっていた）。

いわゆる発達障害を持つ子どもに対しても、支援技法を「最新の評価されているものだから」と用いるより、目前のクライエントの状態にふさわしく、さらにクライエントがそれを適用されることを望むか、そして、それは目前のクライエントの状態に適合度がどれくらいあるのか、前もって吟味することが望ましい。そして場合によってはクライエントのニーズに合わせて、支援のために使うツールを手作りする場合もある（クライエントの性格や関心、その時の状態に合わせて、行動療法の原理を活かして、移動が自分一人でもできるようになる練習も兼ね、まず山手線の地図を作って乗る練習（双六の応用）、次は易しい順に私鉄や地下鉄の乗り換えを覚える、次いで移動距離や向かう行き先を増やす、土地勘も養える……）。クライエントに画一的ではなく「私のために○○してくれるのだ」というささやかながら自信の基を贈りたいと願って……。山上敏子先生から「貴女とはよって立つ理論的オリエンテーションは違うのに私とどこが違うかと思うくらい発想が同じね」と畏れ多い言葉を戴いたりしたが。

理論や技法を学び会得することは当然必須ではある。さらに、始めに支援方法ありきではなく、目前のクライエントにとって、今、まさに求められて居ることは何かと考えつつ、支援方法を選び、安全を確かめたうえで、支援方法を選んでいくのが基本であると考えてきた。私一人ではできない、専門ではなく責任が持てない課題も出てくる、時には地域社会の理解や支援を得なければならない場合もある。こうした現実の要請に応えようと考えつつ、責任を負えるかと自問した上で、時に新たな方法を探索的に用いてきたことについて、「臨床心理学の枠を越えている」と評されもしたが、漸く公認心理師法には医師の指示、他職種者との連携、協力の必要性とそのあり方が明記されている。

発達障害を主訴として幼児期や学童期に出会った人たちのうち、今は還暦近い方々、時には家族の方が今も賀状や折りにふれ便りを下さったり、中には私の住所の区名だけ承知していて、「嬉しいことがあった」と交番に飛び込み住所を聞き出して突如来訪され、吃驚《びっくり》ということもある。連絡を下さるのは二〇名ほどで、どの人も苦労の曲折を経て、今は自分が選び納得した生き方で、出会った当初よりも発達障害者の持つ行動の偏りは和らいでおり、自分の来し方と現在に納得されているかに見える。

D君は学校と警察、加えて二歳時からの主治医等の紹介で来談。小学校時代はお客さん的で孤立、相手にされなかった。中学では級友に脅迫され重篤な汚言チックに。いろいろ対応したが効果なく、中学では欠席を示唆された。病院でも特効の方法はすぐにはない、と言われ、本人も苦しみ、居場所感なく、都内を徘徊し浪費、家庭内暴力にいたり、警察の補導対象になった。父親は先端科学の研究者、母親も専門職者だったが、D君が二歳半時に発達障害、いわゆる自閉症と診断されると退職し、養育に専念、症状は激しさを増し、多動なD君を追いかけ廻る日々に疲労困憊して気力が失せかけていた。初対面、D君は汚言チックを止め、私をじっと見つめてどもりつつ「ボク、まもって……真っ青!」と。つらさが伝わってきたが、なまじなことは言えないと「私は貴方とずっと長く一緒にいて、護ることはできないの。人はもとは自分自身を自分で護るものなの……私はD君が自分で自分を護ることができる人になるようお手伝いさせて戴きます」と内心、厳しいことを伝えることに言葉にしがたい思いが湧き上がった。でもこのやりとりの間に汚言チックはやんでいた。

次回、汚言チックに退いて貰うにはと私はD君に提言した。「D君の日本語は君のせいじゃないのに汚されてしまった。英語を覚えて英語で話そう。英語は怖くない。原理ははっきりしてる」と勇気づけるように五つの文型が基本だと書き、「基礎から一緒にしっかりやれば使えるようになる！　一緒に頑張ろう！」と伝えた。私と二人で努力して、三カ月するとごく簡単な会話が可能になった。D君は意味が通じると大声で笑った。母親は「初めてこの子の笑い声を聞いた！」と言われた。D君は少年らしい表情をみせる時があり、不思議と汚言が減り、やがて消えた。清潔の習慣はじめ多くの日常行動に疑問があるので、両親と相談し、大学生（素直で、文武両道型の男子大学生）を治療者的家庭教師として頼んだ。スポーツの手ほどき、汗をかいたので一緒に入浴。そこで清潔の習慣を大学生からさりげなく教えて貰う。両親ばかりではなく、治療者的家庭教師からも習う。孤立の気持ちから、世の中には繋がれる人が居るのだ、という安堵感に変わっていった。一方的に大声を出して話していたのが相手の話を聞いて応答するという話し方ができるようになった。

中学校内で居場所が持てたという状況になり、D君の言動に少し落ち着きが生じ、英語に4の評価。生まれて初めてと、本人はじめ家族も親戚も歓喜した。

都内いずれの高校でも、総合的に考えると都内の高校進学は無理と中学側の判断があり、母方郷里の私立校を受験。深夜、その高校から入学合否の判定会議の席からと筆者に電話があり、次いで両親から「D君について、ありのままの事実を受験先へ伝えてほしい。合格は無理でも……」と来電。「入試の成績は英語だけが七〇点、他の科目は考慮の余地もないが、経緯を伺い、合格とする。こういう生徒がどのように成長するか、それを見守りたい」と受験先の高校より説明つきで合格の通知があった。

祖父母の元から通学することになり、祖父母は溺愛する傍ら、両親が諦めていた作法や対人態度のあり方を厳しく躾《しつ》ける。これを後日祖父母が亡くなった後、「怖いけど暖かかった。大事なことを言ってると思えた」とD君は述懐した。はじめの一年間は毎日D君から「つらい、大変」と太字で書かれた葉書が届いた。私もさりげなく明るくなるような葉書を週に二回くらい投函した。

二年に進級した一学期初めに東京のミッションスクールから可憐で成績優秀な女子生徒が編入学してきた。生徒の関心は一斉にそちらに……。D君の葉書に「村瀬センセイの三倍くらい素敵な〇〇さんが同級生になった」とあり、それからD君からの葉書はぐっと減った。代わって英語以外の学業も手につくようになり、友人もその女生徒以外にもできたようであった。

高卒帰京後、都の職業訓練校に入り、「自分は皆の二倍の努力が要る」と一年課程を二回繰り返して学び、タイル工の技術を会得した。不器用だが真面目との評価を得て、工務店員として就職した。

あるとき母親から相談があった。真面目に就労していると安堵していたら、帰宅が連日早朝になった。昼も休まず働いているが、「夜遊びを覚えたのでは」と糺《ただ》したら激怒された。「先生なら素直になる」と頼まれ、本人に尋ねることになった。すると、同僚に借金を頼まれ、用立てたところ、いくら催促しても返さない、繰り返していても不快になり、大喧嘩になるくらいなら諦める。これから注意する。貸した金は返らないので、夜間飲食店の皿洗いをして、もうあらかた貸した金額は貯めた。勉強になった。母親の尋ね方が最初から馬鹿にしていたから怒ったのだ——とのことであった。

やがて「母親が入院し、余命半年と言われた。食事が取れない。スープの作り方教えて」と来電。コツを伝えながら、給食室の栄養士さんに相談する仕方も伝える。数カ月後、「母さんは喜んでくれた。亡くなったけど大丈夫」と電話があった。

その後、病欠する折など、彼の実直さから就労仲間が手伝いにきてくれると来電。

父親と二人暮らしを「大丈夫、老老介護、心配しないで」と笑い飛ばすような電話もあった。やがて、父親を一人残して仕事へ行けなくなったら……という相談電話があり、福祉事務所の話をすると、福祉事務所では、当節、何と奇特な人と感心され、施設探しも同行してお世話された。

父親も亡くなり一人になった、との電話があり、「働ける時まで働いて施設へ入る、施設でも他の人ができないで困っている時は手伝う」と話した。

今も折々連絡をくれる人たちはD君と同様である。私は彼らと話すと自分を自ずと振り返っている。教えられ、励まされるような思いがする。

発達障害を持つ人々に対しても、その人なりのその人らしさ、ささやかであっても長所や努力しようとされているところ、その人なりの生き方の軌跡への敬意、可視的な所ばかりでなく見落としがちなその人の何かに気づき、大切に思う視点と姿勢を持つかかわり方を、支援の基本として大事にしたいと思う。

大人の愛着障害

――等身大の自分を認め愛おしむとき拓ける新たな次元――

言葉の用法、ことに術語のそれは正確を期すると難しい。捉えようとする対象が無機的な場合は実体と言葉は合致しやすいが、有機的事柄についてはそれを指し示そうとする用語が万全に合致するのは時として難しく、その術語にピタリと適合しないグレーゾーンの対象（とくに精神状態など……）が少なからずあるように思われる。

「愛着障害」については、『精神療法』誌の特集「愛着障害」において、「『愛着障害』の流布と、概念の混乱」という巻頭論文の下、続く数編の論文によって愛着障害の概念の明確化が試みられており、問題の所在が整理され、概念規定が明確になされている。そもそも人間関係の中で「愛」なる言葉が内包するものは形態と質、その他なかなかに幅広く深く、理論化して整理しつくせないところもあるように思われる。「障害」という言葉ももともとは生涯にわたって消褪することは期待し難いが、支援や教育、それに本人の努力と相まってその程度は和らぐというような意味で用いられ、知的障害などはその例と考えられるが、大人の愛着障害という言葉が内包するものを明確に記述することは容易ではないと思われる。ここでは「一見、見事に適応的に生きてきたが、愛着関係を成長期に安心して体験できず、その心許なさが遷延化して意識の底、無意識に沈澱堆積しており、状況によってはその心許なさが現実の行動レベルに浮上して生活に負の影をもたらす成人」として、本質を損なわないようにしつつ考えを進めてみよう。

ある職能団体の代表責任者をしていた例年になく酷暑と報じられていた真夏のある日、分厚い封書が自宅宛てに届いた。端正な文字が異様に強い筆圧で表書きされている。これだけでも何か必死の想いが伝わってきた。内容は、「二〇代半ばの一人息子が引きこもっている。親子三人暮らしだが最近では自室にこもりきりに近い。これまで数多《あまた》の医療機関、心理相談機関を訪ねたがどこも安定した関係ができなかった。心理支援とはいったい何なのかと不信が募り、自分で勉強して息子に適用したらどうか、と大学院の聴講生をはじめとしていろいろワークショップにも参加した。だが知的に理解しても、それは必ずしも現実に効果を発揮しない……。そこへ手遅れになっているガンに罹患していることがわかった。手術したが再発し、余命についても説明を受けた。長くない……と。専門職につき順当にキャリアを積んできたが退職した。近く再手術を受けるがとりあえずの処置……。あらゆることに懐疑的かつ怒りでいっぱい。じかに会って訴えたいと切実に思う。心理支援なるものに懐疑心が強まった……」。こういう趣旨が一見、理路整然としたためられ、「外国では効果がない心理療法には訴訟もある、と聞く……」と。これが概要であった。

こうした問題担当の委員会へ付託するのが本来であろうが、病状進行の状態や委員会も夏期休暇に入るであろうこと、私の自宅の場所も調べ済みであること、他方、容量というかさまざまな要素の総和としての私の余裕について瞬時に考えあわせ、その手紙の発信者（Aさん）の怒りや不安、迷いを素直に伺おうと決めた。数日後、提示した時間になんとAさんは自転車で来られた。

全体に痩せて血色が悪く、異様な汗で、肩で息をされている。驚く私に向かい、「直接会うのは断られると思っていたのに、びっくりし、嬉しくなって、気づいたら自転車に乗っていた。電車のほうが早いのに……」と照れたように笑われた。険しい表情が緩むと、真っすぐで正直そうな、全力で努力するというお顔つきの人である。

「愛しく思い自慢の息子がなぜこのような……。理論や技法が数多あり、あちこちでそれらが駆使されているのに息子の場合はなぜ遷延化して今日に至ったのか。所詮、理論や技法は不十分なものだ……。夫は反対も批判も助言もしない、一つの家庭の中にいても、すべてに局外者の態度をとってきた。自分は仕事も専門職として誇りをもって生きてきた……」。汗を拭おうともせず、切々と訴えられた。静かに聴き入っていたが、あの距離を自転車で疾走した後とあれば冷たい飲み物だけではと、グレープフルーツをくりぬいた中にそのジュースを流し込み固めた自家製の冷菓を添えた。

Aさんはスッと一口食べて、にっこり「おいしい、ほのかに洋酒の香りがする」（この香りに気づき言葉にするとは、目前の様子とは別の繊細さと素直さをあわせもつ人……）。

食べ終えると、挑むような姿勢から背を丸めて椅子の肘掛けにもたれかかり、問わないのにみずから寂しく苦しかった子ども時代の日々を追想された。不遇に潰されず人に頼らず今日に至った経緯が語られた。手紙の文体や入室時の確信に満ちたAさんから、少し柔軟な印象に変わられていた。一つ残っていたグレープフルーツのゼリーをお土産にと差し上げた（基本書の禁じることだが、この人とは適切な距離は保たれうると判断した。帰途に猛暑のなか、喉を潤せるかも……と）。

翌日Aさんから電話。「主人がお会いしたいと言いだした。私と同道したいと。昨日、息子が部屋から出てきて『休んだら』と口をきいた。事実、自転車こぎはつらかったのですぐに寝た。目覚めたら息子がご飯を炊き、簡単な夕食を作っていた。驚き！　三人で夕食をとり、デザートにいただき物のグレープフルーツゼリーを分け合って食べた。できたら一個でなくもっとほしかった！」

篤実な印象のご主人とAさんが来談される。ご主人によると、「妻はあちこち相談や受診しても不満の気持ちいっぱいで帰宅することが常なのに、先日は穏やかな様子で帰宅したので不審に思い、お会いしたいと考えた次第。専門家なのでしょうに、普通のことを普通の言葉で話されるのが印象的です。でも普通のことって易しそうで実行は実は難しいのだと気づいた。今まで退いていたが、今は三人の生活を大切にしようと思う。外に求めず、妻も家族で話し合っていこうと……。三人の残る時間を大切に暮らしたい」。Aさんは傍らで頷かれていた。その後、長男は大学入学資格検定試験の準備を始め、Aさんに代わり家事をし、夫も少し手伝っている、と電話があった。

いわゆる愛着障害をもつとされる成人は、成長期にしかと受け止められて、本来なら愛着形成の大切な対象である人々から得るはずの安らぎをもたらされることを諦め、そのつらさを他者に頼って和らげ回復を目指すことよりも、みずからの資質を活かし、独立不羈《ふき》で生きようとする場合があるようだ。外見上、みずからの資質と努力によって、社会的には見事に順応しているように見える。だがどこかしらその独立自尊にはたしかな基盤が弱く、それが家族との関係や、複雑に多方向へのバランスある配慮が要求されるような状況で、どこか水漏れのような破綻をきたす。そのような問題を抱えてきたことを自認して、それへの対応を余儀なくされ、その課題を乗り越えるときに、無理なく自然に自分の資質を活かしながら協調性ある生き方をするようになっていかれる例を多く経験してきた。この場合、子どもの問題、職場での複雑な確執など底流にある課題は別の形で、しかも当人自体のそれとしては現れないが事態の進展の中で、事の本質が理解されると改善へ向かう場合が多いように経験してきた。

他方、幼い頃、わが子が軽症とはいえない発達障害をもつことに失望した親から疎んじられ、ある時期はもとの発達障害に加えて愛着関係形成不全から状態像は著しく深刻化していた青年が、苦痛を緩和する医療措置を受けながら、それと連携する「その時」「その状態に」ふさわしい心理支援、社会性会得のための療育、時には地域社会のサポートによって、長じてから自分を慈しむことをなしえなかった親をみずから障害をもちながら他者の支援を受けつつ介護する関係になって、相応に平穏に生活している人々にも出会ってきた。

愛着障害、それを作るのも人ならば、それを癒し和らげ、成長を促し、いわゆる愛着障害を超える生を可能にするのも人との出会い、出会い方、その関係のあり方ではなかろうか。

統合的心理療法と複雑性PTSD

一　統合的アプローチについて

仕事に始めてついた時、自分の知識や技術、それどころか総体の未熟さに戦《おのの》きを感じ、あれこれ文献を読み、研究会に出席した。会得し学ぶことは多くあったが、現実には理論や技法を超えたところが少なからずあると改めて実感することも少なくなかった。目前の現実から会得した理論に合致するところを切り取って、その事実を理解したとする過ちを犯してはいないか、理論を適用できる部分だけを何時しか全体像と誤解する過ちを犯していないかと自省を心がけ始め、それは今に到る私にとっての課題である。

この標題を戴いて考えあぐねたのは精神療法の統合についての原田（二〇〇七、二〇一六）の論考はまったく首肯する内容で、私などが屋上屋を重ねるようなことを述べるのは失礼であると戸惑いを覚えた。一方、心理療法の統合と題する文献を多く目にするようになったが少し考えさせられるのは、統合（integration）とは二つ以上のものが一緒に合わさり、加え合わせた以上の質のものになることを意味すると『広辞苑』などにあるが、実際には折衷と同様に思われる現象を統合と捉えられているような場合が散見される。また、統合を考えるとき誰の為かという視点が問題になろう。如何に技法や理論を組み合わせるかという考究が中心になっている場合が多いように思われるが、統合的にアプローチを行うセラピスト自身の資質や姿勢、訓練については余り言及されて来ていないように思われる。

心理療法の統合には、次のような特質が求められよう。村瀬（二〇一四）、新保（二〇一二、二〇一六）

（1）理論や技法の統合のみでなく、統合の主体となるセラピストのあり方への考究が要ろう。妥協というニュアンスを持つ折衷と統合は異なるはずである。統合的アプローチとは、人の精神は定性的、定量的に対象化して捉えることに本来はなじまない、支援行為は個別的にクライエントの必要とすることに相応したオリジナルであることが望ましいことを基底に潜ませている。

（2）統合的アプローチは二つ以上の学派の考え方を合わせて一つの纏まりある新しい状態を作り、統合以前よりも機能的向上を図ることでクライエントの問題解決（生きやすさを増す）

に役立つような状態を、セラピスト自身の中や治療環境全体の中に創り出すことである。

（3）統合にこめられるさまざまな意味——理論間に止まらず、さまざまなものを繋ぐ——

i　クライエントの内面世界と現実世界とを繋ぐ。

ii　クライエントの見方、感じ方、体験をわれわれのそれらと繋ぐ。

iii　クライエントの内の分断されている歴史、時間を繋いで将来への展望を探す。

iv　クライエントが求めていることとそれを可能にする手立てとを繋いでいく。

v　クライエントにかかわりを持つ機関やその機関に関連ある人々を繋ぐ。

vi　セラピスト自身の内に生じる感情と思考とをどう繋ぐか。

vii　セラピストの感性の捉える内容をセラピストや機関の役割とどう繋ぐか。

（4）統合的アプローチにおける統合の軸

理論間の統合に止まらず、クライエントの必要性に添うべくさまざまな要因に注目しながら進める統合的心理療法においては、「複眼的視野・視点を持ちながら多軸で考え、多面的にかかわる」ことが求められる。その軸は次の六つに分かたれる。

a　現在の状態の把握とリソースの発見。

i　クライエントの年齢、性別、生育歴、家族関係など。

ii　生活の質がどうたもたれているか、社会経済的状況も。

iii　症状や行動上の問題について、疾病学的理解並びにそれらが持つメッセージ、意味を汲み取る。
iv　問題点と潜在可能性（心身の健康度、環境の中にあるリソース、本来の脂質など）。
b　目標の明確化とクライエントの希望とのすりあわせ（マッチング）。
i　長期の目標とさしあたって出来る目標。
ii　時間軸では、過去格を探索するが意味を捉え直す修正的オリエンテーションを含み、未来成長促進的に。
iii　支援がクライエントの利益に適っているか、援助目標との照合や援助家庭の位置確認を行う。アセスメント支援が表裏一体をなして進む。
c　課題やアプローチの適切性を常に点検する。
着手できるところから開始。緊急度を考慮。発達的視点から妥当か、質的変容をもたらしうるか、実行可能か、クライエントの自尊心をまもれているか。
d　第Ⅲ軸で検討されている課題やアプローチが実際のかかわりのなかで適合しているか。
e　治療的環境の醸成と構造化。
治療環境の醸成とその活用（非専門家も含んでチームワーク、コラボレーション、連携を大切に考える）、セッションの内と外の繋ぎを大切にし、治療効果の一般化、波及効果を検討する。援助者側のリソースについても吟味する。

f　セラピスト自身が常に自身のあり方を点検・吟味する。

統合とは矛盾対立するものを組み合わせながら，新しい状態やレヴェルを創りだしていくことをめざすことであるから，統合を行うためには不断の努力が求められる。セラピストの基本姿勢として，

①人を人として遇し，潜在可能性の発見とそれを伸ばすことに努める。

②着手できるところからとりかかり，セラピストは自己省察を怠らない。

③理論や技法をクライエントの必要性，経過，発達や変容の状態にあうように，柔軟に組み合わせて用いていく。新たな知見，技法の習得の努力を怠らない。

④十分な臨床判断に基づいて技法や知識を使う。ただ，慣れ親しんだという手垢がついた状態になっていないか。

⑤自己完結性にこだわらない。目的や進め方の方法については，原則としてクライエントと共有しつつ進める。

⑥セラピストの興味や自己愛を抑制し，クライエントの必要性に注目して進める。

⑦シンガー（Shinger, A.）がセラピストに望まれる特質であると述べた健康な子どもらしさ，つまり生き生きと開かれた好奇心を持ち，不確定な状態に耐える柔軟な強さをもつこと。

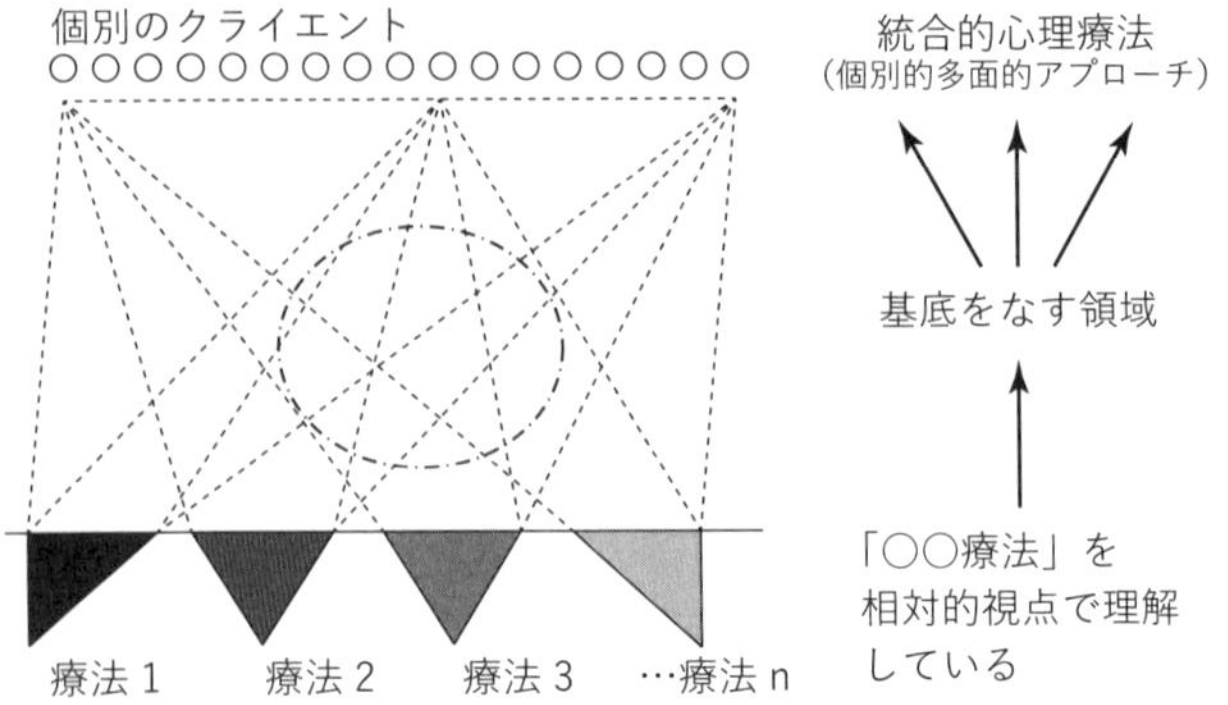

図 1　クライエントの状態，状況の変化に適合した支援を，個別的に行う
滝川（1998）を改変

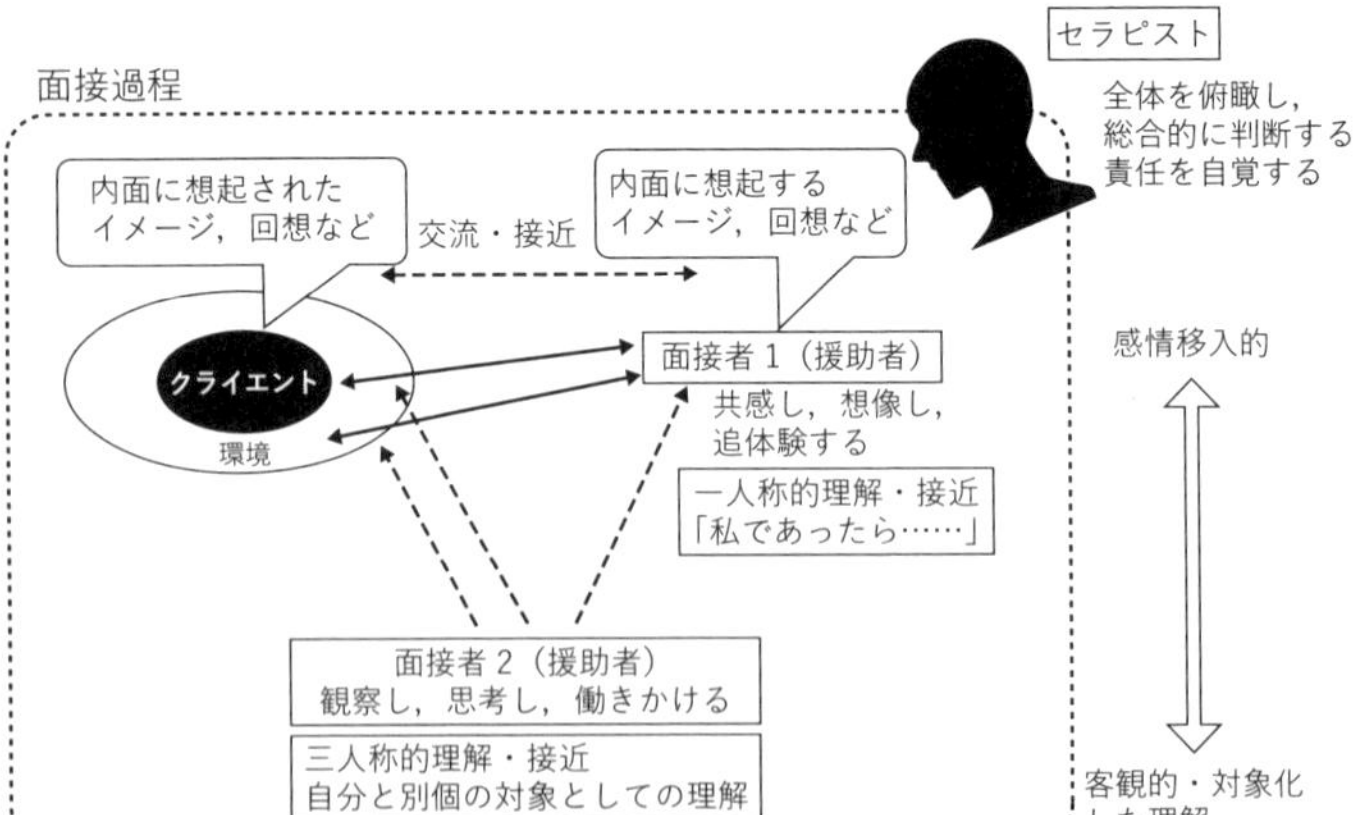

図 2　面接・支援過程において，セラピストは多面的に観察し，
多軸で考えつつ支援過程細部の動きそれらを全体的に俯瞰し，
理解した結果に相応した支援をしていく

⑧日々の困難に遭っても誠実にすべきことをしようとしているかどうか。

二 【事例】赦すことを識り、自分の生を引き受けた女性

統合的アプローチの実際を以下事例を用いて述べる（事例の当事者には事例として研究誌に記載する了承を得ており、相当の改変を加えている）

1 「怒りをぶつけたい!」「死にたい」私

高名な精神科医B先生から突然の電話「A子（中二）の面接を引き受けてほしい。貴女に今後のA子に対する継続面接を依頼する提案を両親は即座に納得し、既にそちらへ申し込み済み。A子は三歳半時に高機能自閉症と当時の勤務先大学病院で確定診断された。現在、私の元へ通院中。唾吐きをはじめ、暴力やさまざまな衝動的行動が激しく、卒業は保証された上で自宅学習を薦められ、実質登校停止に。校内、近隣社会では奇異な人としてA子は周知されている。私には大学病院で初診の時からよく懐き膝に飛び乗ったり……。投薬効果は余り期待できない。幼く見えるが思春期であり、発達障害を持っていても女性らしく成長できるように貴女に面接を是非……」。

B先生の言葉は丁重だが宣告の如くであった。

初回、冷徹有能な管理職者という印象の父親に伴われ青ざめしかめ面で痩せぎすの小柄な少女A

子が来談した。父娘二人は表情硬く言葉も交わさず待合室に離れて座っていた。二人を招じ入れ、挨拶し終えた私の顔面めがけ、A子は目にもとまらぬ早業で、分厚い書籍を投げつけた。私は咄嗟に身をかわした。

私は彼女の手をとり、「この手で何かを創り出していこう?」とそっと語りかけた。「この子は粗暴で敏捷です。ぼんやりしていては仕事になりませんよ」抑制した父親の声。(A子や私のために、いや、この家族のためにも私は状況判断の速度を一段上げようと素直に考えた……)。

やにわにA子は屋外に走り出て、玄関から道路へ向かう通路に大の字の姿勢で仰向けに寝て、空間を切り裂くような金属音に似た大声で「死にたい!」と繰り返し絶叫し始めた。あちこちの窓が開き、無言の視線が私たちに降り注がれた。

A子の乱れたスカートの裾や、ハイソックスがずり落ちて見える足、ブラウスの袖口から覗く腕に複数の傷が見えた。傷の形状や部位からそれらは自傷によるものではないと思われた……。「私などが経験したこともない苦しいこと、辛いこと、悲しいめに一杯会ってきたのでしょう……。何も嬉しいことを経験しないで死ぬなんてもったいない! 小さなことでも一緒に意味のあること探さない?」A子は私を凝視した。抱き起こそうかと一瞬考えたが「中へ入ってこれからのことをお話ししましょう。起きられるでしょう?」

A子はムクムクと起き上がり、足早に面接室へ戻った。父親は無言のまま立っていた。いわゆる発達障害を基底に持つ上に、今日までの日々、かなり重篤な精神的（身体的にも）苦痛を経験させられてきており、学校だけでなく、世の中全体に対する居場所感が乏しいのだと考えられた。現実生活ではほとんど発揮されず、機能していないが本来の知的素質は相応にありそうだ、と考えられた。

ささやかでもA子が着手でき、関心が持てること、行為の結果が触知し確かめられることを一緒にしていこう、いわゆる定型の生育歴、家族生活等など、こちらの手順や都合で尋ねるのではなく、示されることを受け止めながら理解と活動をA子と家族の状態に合わせて進めていこう、これだけ心身共に傷ついているA子本人はもちろん家族に対しても、基本的に同様の姿勢で……、と考えた。

「学校へ行けなくても、自分の世界が広がって、学ぶことや楽しいことは見つけていけると思う。そうなるように一緒にやっていこう」とA子に語りかけると上目遣いに彼女はしっかり私を凝視した。傍らから父親が「次回から母親に連れてこさせます。家内は頭がよく勝ち気です。先生しっかりされないと彼女に適いませんよ……」と私の側にすっと身を寄せ囁いて退出された。

2　家族各人がわがこととして日々を生き始める

焦点の定まらない沈んだ眼差しの母親が長距離運転してA子と来談した。A子は公共機関の乗り物では奇矯な振る舞いをするので怖くて乗せられない。移動は自家用車、だが運転中、A子に首を絞められたこともある……。（この母親に近年、無心に笑い興じた時はあったのだろうか、だが父親の言葉、そのままの人ではなさそう……。質問するよりも母親が今話せることを、真偽を問わず、今の「こと」として聴こう……、と考えた。自分の現在のペースを大切にされることによって、母親に事実を見つめ、対応を現実的に考えるゆとりがささやかでも生まれることを期待したのである。母親なりの自信が現れてくるであろうと私は考えた……。

3　支え繋がる輪の広がり

A子には隔週に一度の私との面接の他に、隔週一度の日に若いセラピストと私の大学院ゼミ生、A子の親が依頼している家庭教師、都合五人がいわゆる心理療法家を標榜する気持ちより、若い人生の先達、気さくな知人というようなつもりで、場面に相応の振る舞い方、賢明な買い物の要領、余暇を経済的に楽しむ方法、公共の場での振る舞い方をさまざまな場へA子を伴って、楽しみつつ学び、世界が広がっていく、いわゆる場にふさわしい振る舞いを共に行動することを通して自然にA子がすこしずつ物事を会得していけるような時を過ごしてほしいと依頼した。彼等は体験から考え、試行錯誤しつつ、日々の生活が少しでも円滑に進むよう、楽しいこともこの世にあることにA子が気づくようにさりげなく務めてくれた。この若い支援者たちは時に躓《つまず》くことはあったが、話しあい、支えあい、時に私をも交えて検討しあった。「部屋の中の面接よりずっと難しい、でも学ぶことが多岐にわたって楽しく、苦しく、有意味な経験だ」と彼等は語った。人から受ける眼差しは〝排除、否定される〟ものばかりと思ってきたA子にとり、この「若い人生の先達」は無害な、いや親切な不思議な人たちであったようだ。A子ばかりでなくこのメンバーもこの活動を通して気づきや成長をしているようであった（青木、二〇〇四）。

4　眼差しを将来に

母親はA子をはじめ自分たちは世間から迷惑な存在と見なされているという思いに当初は打ちひしがれていたが、複数のそれも心ある隣人風の振る舞いをしてA子とかかわる若いセラピストや院生、家庭教師達と交流するようになり、少し気持ちにゆとりが出来たのか、躊躇《ため》いがちだが私の眼をまっすぐ見つめてある日話し始められた。

夫とは同郷。二人は高卒で上京。夫は一流企業で学歴のハンディキャップにもかかわらず努力し、例外的に昇進。自分は母子家庭、中学時代から母の二四時間開店の美容院を手伝った。睡眠時間も少なく……。夫は努力し、子どもたちには恵まれた生活をと……。自分には子ども時代からの疲労感が体内に沈澱している感覚があった。流産を重ねてやっと生まれたA子の体重が二〇日経っているのに減っていて母乳不足を指摘された……。躓くことから始めてしまった育児……。重ねて発達障害児だと……。

夫や長男（A子の弟）がA子の奇矯な行動を制御しようと相当な体罰を課していたこと、A子の抵抗も並一通りでなく、挙げ句、A子は外科で入院治療を受けた……。母親が当時の壮絶な日々を告解するように話された。B先生が詳細は語られず、戸惑う私に引き継ぎを丁重にしかし絶対に……、と話されたこと、既にその時、保護者が相談申し込み済みであったこと、外科の主治医もおそらく状況を察知されてのことであったろう、眼前の母親は「自分でも受け入れられることがありうるのだ……」と心安んじかけている。他の家族メンバーも同様の気配と思われた。私は静かに黙って聴いていた。語り終えた母親は私と視線があうと涙ぐみつつそっと頷いた。

A子が「この世に生きるに値する場と時間がある、登校できずとも生きる道はある！」と自信を抱けることを目標に、面接しながら手を動かして、技術を会得することを提案し、母娘それぞれに意見を求めた。母親は言葉ではそうしたいと賛成し、表情は難しそう……と。A子は平素の金属的大声でなく、普通の声で、「そうする！」と答えた。

A子は一辺一センチ弱の奴さんをピンセットで折り、大量に溜めていた。貴重な作品群である。嘆声を上げげつつふと考えた。「立派、でも現実生活では？　一段、ステップアップしよう！」次の課題に向かう意欲が生まれるのではと私はそれらの小さい奴さんを配色よく並べてテーブルセンターを作った。A子は普通の声で「いいねー」と。強迫的傾向を何とかプラスに活かせまいか？強い集中・継続力をより生産的に活かすには？と少し焦点を緩めて考え、毛糸編みを提案してみた。即座に「やろう！」と。編み目の作り方から始めて基礎の練習編みを二人でした。編み棒を動かしているときは金属的な大声ではなく、食物や気候などが話題。話しながらの作業は気分的ゆとりが生まれるのか、毛糸の編み目が柔らかになり、金属的な大声での一方的話し方も和らいできた。

そうだ、距離はきちんと保つ留意をしつつ、ままごとレヴェルの編み物から本番へ！

A子に私のカーディガンを編んで下さいと提案した。

「自分は妨害ばかりでない、有為なこともする」という自負心が持てるようにと思い切ってオーダーすると、母親から私もお手伝いと申し出られ、これを機に母と子の自然なやりとりが生まれてきた。作品が仕上がるとA子は私に試着を求め、カーディガンを着た私に「似合うよ」と上機嫌。母親も素直に喜んだ。初めて見る自然な笑顔であった。迷って考えたが、私は正当に仕事に対し報酬を払う、A子が報酬を得ることで、自分の行動への責任、その他諸々の現実感覚、社会良識を会得していく一階梯にと制作費を払うと、母親は、「人としていろいろ会得させることは諦めていましたが無理せず、でも諦めずに実情に合わせて、私がついていろいろ教えるように努めます」と喜びと少し心配が混じった笑顔ではっきり言葉にされた。

誰言うとなく、犬を飼う話がでて、A子と母、弟妹四人はともに保護犬（重い皮膚病に罹患中）を引き取ってきた。A子が医院へ連れて行く役になったが、獣医の先生は犬の治療ばかりでなく、

A子の話もさりげなく聴いて下さる恵まれた出会いであった。そして、A子もこの病犬の世話を一手に引き受け、優しく世話する営みがA子自身にも気持ちのゆとりをもたらしているようだと母親は感じ入った様子で伝えてくれた。

さて、毛糸編みは機械編みに変わるのではないか？　日本の和服は消えまいと思いついた。「将来性もあるのではと思われる和裁をやってみる？」A子はすかさず「興味あるよ」そこで私との面接は二人で運針をしながら……。A子の技量は上がっていった。木綿から絹地を縫う練習に移ろうと私が鞄に端切れ布を入れているのを見つけた義母が尋ねた。次第を聞いて、義母は浴衣生地を取り出し、「これを仕上げてほしいの」A子も母親も大歓迎、母子二人共同の綺麗な仕立てで義母も予期せぬ巡り合わせを喜んでくれた。義母からの仕立代を貰うとA子は日常生活での金銭の使い方ばかりでなく、物や人への対応について注意される前に気付くことが増した。

卒業前六カ月ころ、登校が許可された。激しかった迷惑行為が減ったことに皆は驚き、信用はかなり回復したが、卒業後の進路は自分で探すようにということであった。父親がA子を伴い、あちこち訪ね、A子の希望と先方もありのままの状態を理解されて、郊外の和裁専門学校へ入学が決まった。母親も一緒に入学を決意した。

五月の連休後、その専門学校を訪ね、校長先生と生徒さんたち（四〇代を中心とする主婦が四〇人余り）は事情を了解されていて「若い同級生が入って嬉しい」など、A子の行動についても寛容にわかろうとして下さっていた。皆さんにご挨拶する私をA子は「私の先生だよ」と笑顔で皆に紹介してくれた。ここで、私の心理的支援はA子と両親と共に話し合い、終了とした。

A子の縫い方は上質だということで、一流の店の仕立ての注文を受けることになった、ただ、柄合わせをはじめ微妙な注文は母親が外部と交渉するという二人三脚の体制で仕立業は一応順調に進んでいた。

5 自分の道を生きる

毎年、賀状には「元気だよ」と書き添えられていたが、終結後一五年ほど経て、A子から電話。「ずっと一人で縫い物しているのは何だか変で淋しくなった。お父さんもお母さんも賛成してくれて、障害者雇用枠で働いている。枯葉マークと若葉マークを製造する会社で二人一組での仕事。友達も出来て楽しい毎日だよ……」一瞬、惜しいと思ったが、人として生きる本質的に大切なことに気づき、「充実した生き方」を見出したのだと祝う心持ちで一杯になった。

さらに二〇年後、母親から電話「夫の三回忌が終わりました。晩年は穏やかな日々でした」お花とA子に小さなブローチを持参し仏壇にお参りした。額縁の中の父親は知的な表情は変わらず静謐《せいひつ》な優しい笑みを浮かべていらした。A子は声を落として「お父さん、ほら先生だよ、このブローチ先生から……」と柔らかい小声で話し掛けていた。晩秋の陽ざしが明るく差し込むリビングルームには大型犬と小型犬の二匹がまどろんでいた。

母親とA子は駅まで見送ってくれた。母親は「腰痛を宥《なだ》めながら、お天気のよいときは畑仕事をしています。採れた野菜をご近所にお裾分けしたりも……。お兄ちゃんはあれから優しい人になり公務員として生真面目に働いています。妹もＯＬ勤めを楽しいと言っています。私が年取り寝込むこともあるようになって、主婦の役をしてくれています。」「私、お母さん亡くなったら施設へ入るの。今のうちにできること増やしておこうと家事を一生懸命やってお手伝いしている。興奮しないようにお薬もちゃんと飲んでる、大丈夫……」からりとした、それでいながらどこかしみじみとした会話であった。

おわりに

人は誰しも他ならない自分として、大切な関係にある人々から安心、安全感を贈られて、「この世は生きるに値する、自分はこの世界に居場所がある、という意識的・無意識的安心感、安全感、自己肯定感を抱けるようになる。A子の場合、両親それぞれがこの基本的信頼感が充分持てないながらも、自らの意識的努力で、欠落感を前進のエネルギーに転換しようと破格の努力をされた。自分たち夫婦が味わった成長期の辛さを子どもたちの代では終わりにしようと……。だが厳しい試練が与えられた……。私はこの厳しい状況下に生きてきたA子とその家族に出会って、自分の才能や努力ではなく生きてきたこの自分にA子や家族のこころに届く言葉や行為が本質的な意味でできるのか、純粋な実質という次元での資格があるのかと自問した。こういう気持ちを基底にどう自分を使って、支援を進めてきたかというプロセスを図2（98ページ）で表した。感情に流れて事実関係についての気づきが誤っていないか、一般的に適切とされる支援行為の標準を超えている？が責任は取れるか。刻々のアセスメントを行いつつこれと併行して、意図せぬ方向に展開した場合、責任をどう取れるか、その覚悟（図2の□の右上角の横顔）を問い続けるように私は自問しつづけてきた。統合的アプローチの基底である。

回復や成長の結果は自分の努力による、とクライエントが自尊心を回復できるようにと私は考え、共に行動しながらも、同時に今進行している治療的行為はクライエントの必要性、つまり治癒と成長を目的にして、それに適合しているかを常に考えてきた。そして、治療関係が基本的に中庸を得ていて、クライエントの自尊心の回復に裨益するように、治療はクライエントと本質的に共同作業であると考えてきた。

統合的アプローチとは、クライエントがいかに外界や自分自身を受け止めているか、その心身の傷の痛みはいかばかりか、そしてそういう痛みを持つ自分自身をどう考えているかについて、眼前のクライエントの状態を的確に事実として捉え、クライエントの傷の痛みをまずはそっと被い包むような心もちで、クライエントの実感している苦痛を追体験して分かち合いたい、クライエントを一人きりにしないように……、と感性と思考力を同時に働かせることがまず求められる（図2の面接者1（援助者1））。一方、この面接過程はクライエントの回復を援助するという目的を持つプロフェッショナルな営みである。従って、面接者1の行動がクライエントの回復を目指すという営為として目的に適っているか、過剰な感情移入で浅くべったりした関係になっていないかという検討も必須である。そして同時に伶俐《れいり》に走りすぎ、的確ではあるけれど突き放した客観的評価に終始しすぎていないかを検討することも必要である。つまり、セラピストは質の良い感情移入能力と的確なバランス感覚を伴う客観性とを常に両立させていることが期待されている。この一見性質を異にしながらも、クライエントとセラピストの良質な関係にとっては不可欠な全体状況を如何に進行させるか、細部と全体状況を遺漏なく俯瞰して、援助の進行が適切であるかどうかを判断する、これが図2の□右上の頭部である。このように支援の進行する過程で、状態に即応して柔軟に支援技法を適用する、時には創案していく、これをクライエント側の必要性、望みを基本として進めようとするのが現在私の考える統合的アプローチである。

スーパーヴィジョンについての覚え書き

はじめに

スーパーヴィジョンをいかに行うか、その営為がスーパーヴァイジーに裨益《ひえき》し、その結果スーパーヴァイジーが受け持つクライエントの治癒回復や課題とされている問題状況の好転に役立ち、さらにヴァイジー自身もプロフェッショナルとして成長していけるように、基本的に責任を持つのはスーパーヴァイザーである（以下、スーパーヴァイザー、スーパーヴァイジーをヴァイザー、ヴァイジーと略す）。

戴いた標題の意味するところは、スーパーヴィジョンを行うヴァイザーが「大切に心に留めおくこと」と解して、本文ではスーパーヴィジョンという営為で基本とされることは何か、スーパーヴィジョン関係が有為なものとして機能するためには、また、これからのスーパーヴィジョンの発展のためには基本として何が求められるかについて、ささやかながら心理臨床の領域汎用的にヴァイザーを務めてきた経験をもとに考えてみよう。

一　スーパーヴィジョンを成り立たせる基本的要素とヴァイザーに求められる留意点

ヴァイジーとヴァイザーの関係は心理療法のクライエントとセラピストの関係に一見類似しているが、スーパーヴィジョン関係では、クライエントに直接役立つことを意図して、ヴァイジーがかかわっているクライエントや問題とされる状況の改善や解決を目指していくほかに、ヴァイジーに対する教育効果もしくはコンサルティング効果が期待されている。つまり、ヴァイザーもヴァイジーと共に責任を自覚しつつ状況をアセスメントし、対応を考えるという、いわば共同作業でもあり、一種の教育過程と言える営みでもあるところが特質である。ヴァイジーが行っている実践を、ヴァイザーは間接にではあるが共有しているのである。

したがって、ヴァイザーは同時並行的に下記に挙げるような多次元にわたる種々の課題を検討し理解を深めながら、スーパーヴィジョンを進めることになる。

（1）基本としてヴァイザーは、心理師には法律上の義務が課せられていることと職業倫理上の要請があることを確認し、立場上、抵触条件などの有無についても検討する必要があ

る（一般財団法人日本心理研修センター、二〇一九：日本臨床心理士会、二〇一七：平木、二〇一二：金沢、二〇〇六）。

（2）プロフェッションとしての熟達の程度、ヴァイジーはどういうことを志向し、どのような問題意識をもっているか、ヴァイジーが臨床実践を行っている機関、場の機能や特質などに留意する。

（3）面接者もしくはセラピストとして、ヴァイジーが実践を行っている機関のなかでの立ち位置について、ヴァイジーはどのようなチーム、連携、相談、指示関係のなかにあるか、とりわけ心理職者として一人職場である場合は組織のなかでどう位置づけられて仕事をしているのかなどに留意する。

（4）ヴァイザーはクライエント、もしくは問題として対応を要する案件について、ヴァイジーの報告を手掛かりに、小さな事柄でもそれらをもとに根拠に基づく想像力を働かせつつ、アセスメント（これは原則として仮説であり、支援過程の進行につれより事実がクリアになっていくことがほとんどであるが……）を行い、どこからどのように働きかけるのか、支援作業の道筋と方法を見出していく。この過程をヴァイジーの申述や記録をもとにヴァイジーと同じ風景、あるいは光景を眺める、つまり一緒にという共有感覚が生まれるように思考過程を進めるのが望ましい。こうするとヴァイジーは得た材料に対して視角を広げ、視点を移動させ、さらには視野に入るものを成り立たせている背景要因（文化や時間軸に沿った諸々の要因、空間軸に沿った社会的つながりの背景要因）にも注意を向けて考えるように思考の幅と深さが増し、ひいてはそれが臨床の観察眼、気づくセンスの向上にも役立つ。またこういう過程を経験することで、ヴァイジーから一方的に解を示唆される、教えられるという場合よりも自ら観察し、考える悦びとその意義を知ることになろう。この姿勢はヴァイジーとクライエントとの関係のありかたにも反映していくはずであり、クライエントの自尊心や自立性を増すことにも影響する（青木、二〇一〇）。

二　ヴァイザーに求められる基本姿勢

自明のことではあるが、理論的立場を異にしていても、等しくヴァイザーに求められる基本姿勢を挙げる。

1　基本姿勢

i　人を人として遇する姿勢、いわゆる良識と社会性。

ii　人が援助を受けるということは内心、痛みを伴うことであるという認識。

iii　豊かなジェネラルアーツをもつように、それを増す不断の努力。

iv　基礎の知識と技法は会得している。自らが依って立つ理論や技法以外の理論や方法について開かれた姿勢をもち、理解をもつよう努めていること。

v　自分自身、自分にまつわる状況を相対化して考える姿勢。

vi　バランス感覚の維持に努める内省。

vii　自身の専門家としての能力、権限と責任についての自覚。

viii　ヴァイジーの成長を純粋に喜び、評価する。ヴァイジーの資質を大切にし、ヴァイザーの相似形に導くなどはしない。

2　スーパーヴィジョンで扱う問題が自分の器を超える事態に遭遇した場合、迅速に然るべき対応をする。

3　ヴァイザーは、ヴァイジーとクライエントとの関係は当然のこと、その臨床行為が行われている機関の機能や諸々の関係性、社会・歴史的背景や特質についても理解をもつ。ヴァイジーとクライエントとの間で生じることを緻密にセンシティヴに理解する視点と、その支援関係の推移にかかわる、さまざまな要因についての理解を併せ持つ。焦点と全体を捉える視点と思考を働かせる。

三　スーパーヴィジョンの方法

スーパーヴィジョンは原則として場所と時間を決めて行われる。

費用は、教育課程のカリキュラムに沿って実施される場合は原則無料であろうが、基本的にはヴァイジーにとって無理のない、しかしリーズナブルな額を支払うことにより、この時間は目的をもつプロフェッショナルな営みであり、目的に適うよう密度の濃い時間を過ごそうというモチベーションがヴァイジー、ヴァイザー双方に確かなものになろう。

教育の目的により適うという意味でヴァイザー、ヴァイジーの一対一による方法が基本とされているが、「グループスーパーヴィジョン」や時には相当の人数の聴衆が集まった会場で行われる「公開スーパーヴィジョン」もある。グループスーパーヴィジョンには、多様な物事の捉え方、考え方、対応の仕方に触れる機会となる特質がある。一方、事実をどのように提示するかという配慮、議論が徒に批判に走り、生産性に乏しい方向にのみ傾かないような配慮、聴き手がいわゆる聴衆、観覧者的姿勢になって、そこで提示される内容を受け取り、自分なりに考えるということが薄れないような運営の仕方などに配慮が要るであろう。

次いで、スーパーヴィジョンに臨む際の資料や報告内容作成についても考慮が必要であろう。長期の経過を経た事例であるからと思い浮かぶままに大量の資料になるのもやむなしとするのではなく、口頭報告の時間が四〇分あるいは三〇分ではどうまとめるか、場合によっては一五分ではいかに要点を的確に伝えるか、といった試みを自らに課すこともヴァイジーにとって学びとなる。まれにではあるが、クライエントの言動のみを綴った記録に出会う。心理支援とは目的を持って行う営みであり、いわばクライエントとの共同作業として心理的支援は進むはずである。「クライエントについてのアセスメント→これについてのセラピストの反応→クライエントの反応→その時点でのセラピストのアセスメントと反応→クライエントの反応→この時点までのセラピストの反応のアセスメント」……というように基本的には相互関係のなかで心理支援過程は進んでいくのが事実であろう。心理支援の過程がいかに展開したかという事実は、正確に報告資料に記す、あるいは口頭報告されるべきであろう。

さて、ヴァイジーの報告を聴く、あるいは記録を読むとき、ヴァイザーはいかにその内容を受け取っていくか……ヴァイザーの内面には次のような複合した動きが同時並行的に生じることが望ましいと思われる。

①まず、三人称の客観的視点で、ヴァイジーの語る、あるいは提示する事実を受け取り、理解する。

②そこに登場するクライエントが自分や周囲のことや人・ものとの関係をどのように受け止めているかを追体験するような心持ちで、ヴァイジーの伝えようとする叙述、あるいは記述（仮に

それが微少なものであっても逃さず気づき……）を基に、そのクライエントの体験世界を想像し、クライエントが必要としていることがどのようなことかについて考えを巡らせる。

③ヴァイジーはそのクライエントについて、どれくらい理解し、クライエントの諸々をどれくらい引き受けられるゆとりや容量をもっているか、自分自身の現状についてどれくらい相対化した視点に立ち、洞察がもてているか。

④クライエントとヴァイジーの関係、およびその周囲との関係はどのようなものであるか。

⑤以上の事柄を総合する内容に対して、ヴァイザー自身はどれくらい理解し、受け止めているか自問する……。

これら諸要素を同時並行でヴァイザーは体験しているというのが、多くの場合の事実ではあるまいか。ヴァイザーが的確にその役割を機能させるには、上述のいろいろな観点から同時に状況を捉え、理解し、これに基づいて、現時点で最善を尽くそうとしているヴァイジーの気持ちを汲み、支持的姿勢をもとに示唆・助言を述べるようでありたい。このいわば助言指導の過程が、目前の事実に基づいて、ヴァイジーとヴァイザーが一緒に考え導き出してきたものであり、ヴァイザーもこの現状を吟味検討する過程に共に参加し、気付いた方向性として運べば望ましいと考えつつ、筆者はこれまでスーパーヴィジョンを行ってきた。

スーパーヴィジョンに臨むヴァイザーというのは、思考と感性を忙しく多元的に働かせ、態度は静かに聴き入っていても、能動的に考え感じとって、そこから方向性を見出しているのである。ヴァイジーが語る内容を観念的レベルだけではなく、臨場感をもって受け取り、想像し、理解する、そのうえにその時点での対応が考え出されるのである。

四　スーパーヴィジョンの質的向上を考える

平木（二〇一二）は、制度化された研修制度の嚆矢《こうし》であろう産業カウンセリング学会におけるスーパーヴァイザーのための研修制度作りの過程とその運用例を報告している。公認心理師の誕生とも相まって、より上級のスーパーヴァイザーのための研修制度は、今後さらに整備されていくことが期待される。

ところで、鑪《たたら》（二〇〇四）はいみじくもヴァイザーについて、「講義や教科書から学んだ言葉と、実際の個別事例との間には大きな隔たりがある。一般性や個別性との溝と変異やズレを埋めていくことが職人的仕事である」と述べている。また、青木（二〇一〇）は「管理的な立場の人間がより大きい責任を持つことはあるが、臨床という原点においては等しく責任を持つ。クライエントの心理療法に対して責任を持っているということは、いつも真剣勝負ということであり、そう考えると怖くなる。（中略）臨床をするのはつくづく怖いものだと感じているベテランが、同じように臨床をするのは怖いものだと感じる新人に助言する、というのがスーパーヴィジョンの原点ではないかと思う。自ずとスーパーヴィジョンは共に考え、共に知恵をしぼるものになる。そのとき、ベテランにも新人にも発見があり、臨床を続けていこう、と思う、そのようなものではないかと思う」と述べている。さらに一丸（二〇〇五）は、これまで日本においてスーパーヴァイザーの養成カリキュラムが考えられてきたことがないと指摘しつつ「スーパーヴァイザーとはカリキュラムに沿って計画的に養成できるものなのか、それとも徒弟制度のようにゆっくり時間をかけていくものなのか。この議論が必要」と述べている。

この小文では、当面の課題としてヴァイザーのあり方がスーパーヴィジョンの質を向上させる要因として重要であること、そのために求められる要素について考察してきた。ヴァイジーばかりでなく、ヴァイザーも共に成長、進化を目指すことが極めて大切だと考えられる。

たとえヴァイザーはヴァイジーが臨んでいるその臨床場面や背景状況について実体験していなくとも、限りなくその状況のさまざまな要因について的確な想像を巡らし、臨場感をもってその場にヴァイジーと共にあるような感覚に裏打ちされた理解をどこまで的確にもてるか、これが臨床におけるスーパーヴィジョンに求められている要諦ではなかろうか。この理解をもとに生まれる示唆・助言は実効性が高くなるはずである。

なお、ヴァイジーが裏付けある自信をもって成長していくには、ヴァイザーが共にその状況、問題を眺め考え、そこから生じる方向性をヴァイザーが示唆・提言するのが望ましい。共同作業としてのスーパーヴィジョンを通して、ヴァイジーは支えや示唆を受け、自分の力で対応し得たと実感でき、考え方の軸を多くもって緻密に気づき考え抜くことが解決の糸口になるのだという、プロフェッショナルとしての自信と実力をヴァイジーに抱いてもらえるようでありたい。

なお、新保（二〇一九）は心理臨床家の成長にとって、越境先（他領域）での体験との往還によって新しい文化を作り上げることの必要性を述べている。この提言は、これまでさまざまな領域で働く心理臨床家、近接領域の対人援助職者、医師、あるいは弁護士の方々とのスーパーヴィジョンやコンサルテーションの経験を通して考えてきたこととまったく軌を一にする。

近時、社会の変動はさまざまな局面において激しく、メンタルヘルスの問題も特定の領域のなかの因果関係によってシンプルに理解できるといった例は少ない。生じている問題現象は類似性があっても、それぞれ生起の要因は関連し合う他領域のそれも次元を異にする要因が複雑に相互に影響し合って生じているものが増えている。この課題に応えるには、自分の専門領域の力量を増す努力は言うまでもないが、さまざまな領域での知見をもてるように（実体験も伴えば一層望ましい……）、質のよいジェネラルアーツを増すように常々不断に心がけることが必須である。スーパーヴァイジーは提示する事例を基にしたヴァイザーとのディスカッションばかりでなく、ヴァイザーの上述のような姿勢からも汲み取るものが少なくないのではなかろうか。

生涯のこころの糧となるもの

一　私の歩んできた心理的支援の道のり

このような機会をいただきまして、みなさまとご一緒に学ばせていただくことを大変ありがたく思っております。

私は、子どもの時から人見知りが激しく、今でしたら何か相談機関、たとえば児童相談所などへたぶん連れて行かれるような、内向的な子どもでした。昔のことですからうちには何人かお手伝いさんがおりまして、お客さんが見えるとお手伝いさんのエプロンの中に頭を突っ込んで隠れ、あいさつするのがやっとという子どもでした。高等学校を卒業するまで自分から手を挙げたことは一回もないというような次第でございますが、不思議なことに周りの方からこういうことをするようにとか、こういう仕事をしたらいかがか、あるいはこれはあなたの役割として振ると言われて、本当

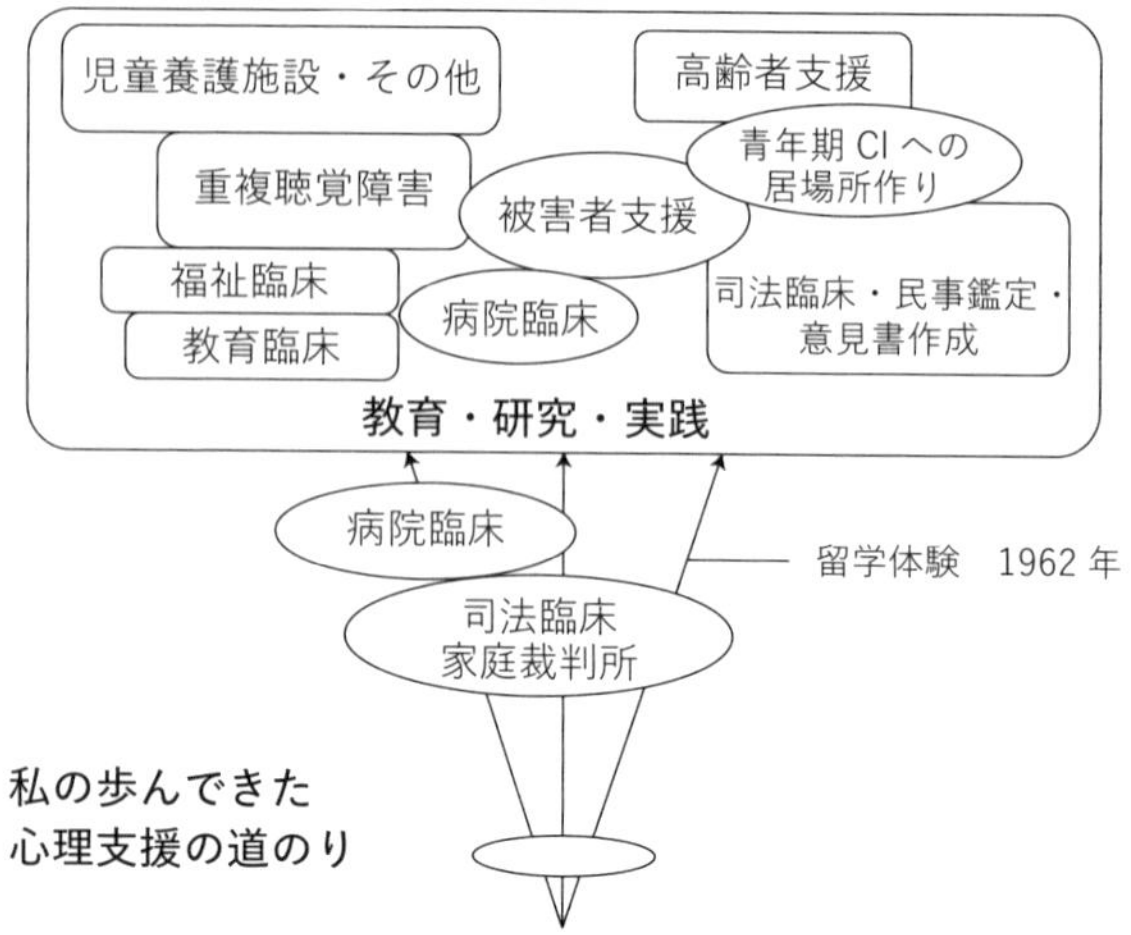

図1

に戸惑いながら、あまり前例がないという領域で仕事をやってまいりました。迷いというのは、今も迷っております。ですからみなさまとご一緒にものを考える機会があるということは、私自身も学ばせていただくことでありがたく思っております。

1　家庭裁判所調査官としての経験

司法という世界に家庭裁判所という行政機能をもつ裁判所ができたこと自体が画期的なことで、敗戦後、国が立ち直るためには、家庭が健康で、さらに子どもたちが精神的に健康に成長することが復興の基本だというところから家庭裁判所が創設されました。司法という世界に行政的な機能をもった裁判所ができたというのは大変意味のあることですけれども、伝統ある組織の中にどう馴染

電子書籍について

◆弊社ホームページ（https://www.kongoshuppan.co.jp/）にリンクを貼っておりますので、それぞれのストアからご購入をお願いします。

メールマガジン登録について

◆毎月1回月末にメールマガジンを配信しております。
◆新刊情報をどこよりも早くお知らせいたします。
◆ご登録は、弊社ホームページからお願いいたします。
https://www.kongoshuppan.co.jp/mailmagazine/

注文について

◆弊社へ直接ご注文の場合、クレジットカード決済による前払い、または代金引換にて発送致します。クレジット決済の場合、冊数に関わらず、書籍は送料一律600円、雑誌のみの場合は送料一律400円。税込1万円以上のご注文で送料無料となります。
◆代金引換の場合、冊数に関わらず書籍は送料一律1000円、雑誌のみの場合は送料一律800円。税込1万円以上のご注文で送料500円となります。
◆最寄りの書店、医書店、大学生協、ネット書店よりご注文いただけます。
◆弊社ホームページに新刊情報、図書目録、関連情報などを掲載しております。注文フォームからもご注文いただけます。
◆公費購入などで特に書類が必要な場合や銀行振込をご希望の場合はお知らせください。電話、FAX、eメールでも承ります。

掲載の定価は消費税10%税込価格になります。

精神療法 増刊 第11号 児童期・青年期のメンタルヘルスと心理社会的治療・支援

［編］本田秀夫
＋精神療法編集部

B5判｜並製｜272頁
定価3,300円
ISBN978-4-7724-2042-6

児童期・青年期特有のメンタルヘルスの問題から、神経発達症、アタッチメントとトラウマ、不安やうつといった精神症状、行動の問題から、摂食症まで幅広く項目を立て、先端的に臨床を実践されている先生方に心理社会的治療と支援についてご執筆いただく。

児童・青年期の問題には家族も切り離せない。また神経発達症の支援には多機関の「つなぎ」の視点が必要不可欠である。本特集を通じて、多くの読者に思春期・青年期のメンタルヘルスと心理社会的治療・支援についての理解を深めていただけるだろう。

おもな目次

ココロブルーに効く話

精神科医が出会った30のストーリー

［著］小山文彦

四六判｜並製｜256頁
定価2,970円
ISBN978-4-7724-2032-7

30年以上のキャリアを持つ精神科医が、これまでの診療・相談場面で出会った人々の、さまざまなつらい気持ちや悲しみ＝「ココロブルー」をときほぐしていくプロセスを描いた30の物語。

仕事や人間関係の悩み、大切な人との別れ、受験、発達障害、ペットロス、肌荒れなど、さまざまなキッカケでココロがもつれてしまった人たちの「ブルーな気持ち」に寄り添い、季節の移り変わりとともに一歩前へ踏み出せるよう、そっとやさしく背中を押してくれる一冊。

おもな目次

乳幼児揺さぶられ症候群は、ジャンクサイエンスなのか？ 小児医療の現場から

［著］ジェームス・ペインコファー
［訳］溝口史剛

A5判｜並製｜420頁
定価4,620円
ISBN978-4-7724-2035-8

LOSING PATIENCE: The Problems, Alarms and Psychological Issues of Shaken Baby Syndrome

乳幼児揺さぶられ症候群（SBS：Shaken Baby Syndrome）は、赤ちゃんを揺さぶることで幼弱な脳に甚大な損傷を与え、ときには命すらも奪ってしまう。

本書は、SBSの実際を理解するうえでの最良の一書であり、「赤ちゃんを揺さぶっても問題はない」「多くの小児科医は、虐待であるとの先入観から誤診を繰り返している（病院に連れていくと虐待扱いされてしまう）」という公衆衛生的に看過できない危険な主張から生まれる新たな悲劇を防ぐことにも繋がりうる一書となるであろう。

おもな目次

本当は間違っている 育児と子どもの発達にまつわる50の迷信

［著］スティーブン・ハップ
　　ジェレミー・ジュエル
［監訳］佐藤美幸
　　　佐藤 寛

A5判｜並製｜252頁
定価3,740円
ISBN978-4-7724-2041-9

本書では、そのような情報について出来る限りデータに基づいて証明された正しい情報を掲載している。子育てには必ずしも科学やデータで割り切れないこともたくさん起こり得る。読み進めていく中で、読者の経験や、直感とは違う内容が書かれている箇所もあるだろう。

しかし、1つの見方として、その事実を知ることであらゆるデタラメな情報から身を守ったり、逆に子育てに行き詰まったときの新しいアイデアを知るのにも、本書は役立つはずだ。

Great Myths of Child Development

おもな目次

［新訂増補］母子と家族への援助

妊産婦のストレスケアと子どもの育ち

［著］吉田敬子

A5判｜並製｜230頁
定価3,740円
ISBN978-4-7724-1992-5

最新の知見を加筆、大幅改訂を行い、高い学術水準を保ちながら、著者の臨床実践の集大成として完成した周産期・乳幼児・児童思春期精神医学領域のバイブルである。

全編にわたり多くの事例とその解説が述べられ、この一冊を読むことにより、本領域に関するさまざまな課題と知識を得ることができるであろう。精神科医、産婦人科医、小児科医、助産師、看護師、保健師、公認心理師、臨床心理士、社会福祉士など多くの専門職が周産期における子どもの育ちを理解するための有効な知見を与えるものである。

おもな目次

協働するメンタルヘルス

“会う・聴く・共に動く”多職種連携／チーム支援

［著］下平美智代

四六判｜並製｜224頁
定価3,520円
ISBN978-4-7724- 2031-0

地域と生活のフィールドで、援助者と当事者は何を思い、語り、そして動くのか？

多彩な登場人物が織り成す仮想事例記録を通じて「対話」と「協働」のリアルを伝え、経験専門家ならびに多職種専門家との対話（ダイアローグ）と省察（リフレクション）を経て、地域から始まる協働的チーム支援、そしてまだ見ぬ地域精神保健ケアの可能性を探ってゆく。

おもな目次

不自由な脳は続く

高次脳機能障害に対する支援再考

[著] 鈴木大介
山口加代子

四六判｜並製｜264頁
定価2,860円

ISBN978-4-7724-2037-2

脳梗塞を発症し、高次脳機能障害の診断を受けてから八年――著者が自身の発症からこれまでの経過を辿り、長年この領域を見続けてきた心理士と対話する中で見えてきたのは、症状そのものだけではなく、症状に伴う当事者の不自由感、心理面を重視した支援について考えることだ。

障害理解と対策・工夫にたどり着くまでの著者ならではの思考、多くの当事者たちと交流する中で発見した視点が、見えづらい障害の輪郭を浮かび上がらせる、対人援助職や当事者・家族も必読の高次脳機能障害支援論・到達点。

おもな目次

HSPと心理療法

繊細なクライエントとの治療効果を向上させるために

［著］エレイン・N・アーロン
［監訳］髙橋亜希
［訳］久保言史

A5判｜並製｜368頁
定価4,400円
ISBN978-4-7724-2036-5

PSYCHOTHERAPY AND THE HIGHLY SENSITIVE PERSON: Improving Outcomes for That Minority of People Who Are the Majority of Clients

本書は、HSP（Highly Sensitive Person）についての実用的な臨床書である。HSPの特性を持つ人は、まだ誤解されている部分がたくさんある。

臨床現場において、セラピストや援助者が出会うことが多いHSPの方の特徴やアセスメント方法について詳しく解説し、具体的なケース事例も紹介している。

原書は著者のアーロン博士が創設したHSP専門資格の受験テキストにもなっている。本書を通じてHSPの方への理解を得ることは必ず日々の臨床にも役立つだろう。

おもな目次

認知行動療法の教育とスーパービジョン

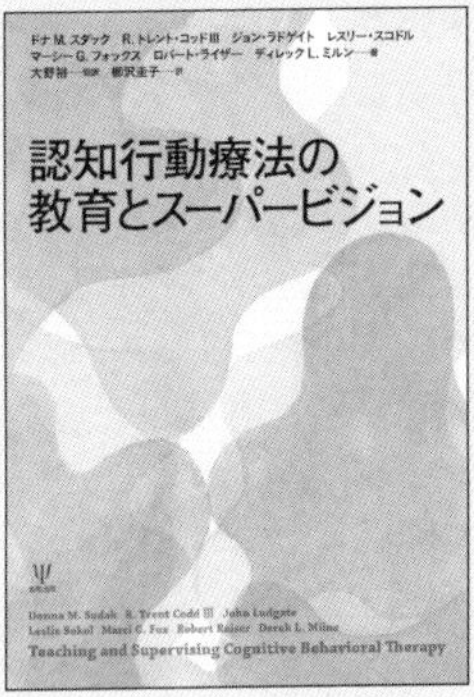

［著］ドナ・M・スダック
R・トレント・コッドⅢ
ジョン・ラドゲイト
レスリー・スコドル
マーシー・G・フォックス
ロバート・ライザー
ディレック・L・ミルン
［監訳］大野 裕

A5判｜上製｜348頁
定価5,280円
ISBN978-4-7724-2027-3

認知行動療法も精神療法であり、それを使うためには、きちんとした教育を受ける必要がある。治療はマニュアル通りに進むはずがない。安心できる人間的関わりのなかで悩みを抱えた人を理解し、その人の生き方に目を向けて、その人らしく生きるのを手助けするという精神療法の基本が不可欠である。

本書では、米国を中心とした海外の認知行動療法の研修の実際と、臨床家のコンピテンシーの向上とその評価に向けた工夫について具体的に解説している。

Teaching and Supervising Cognitive Behavioral Therapy

おもな目次

臨床行動療法テキスト

子どものための新世代の行動療法

[著] 園田順一
[校訂] 前田直樹
　　　境 泉洋

A5判｜並製｜178頁
定価3,300円
ISBN978-4-7724-2029-7

本書は、行動療法の歴史と理論背景を解説したうえで、心や行動の問題に適切に対処するための機能分析の方法とさまざまな行動療法の技法を紹介し、抜毛症や場面緘黙、強迫症といった子どもにみられる15の疾患や問題行動について豊富な事例とともにその見立てと臨床アプローチの実際を示す。

子どもの心の臨床を目指す学生や心理専門職、また学校や幼稚園・保育園の先生、さらには子どもの問題行動に悩む保護者の方などにも参考となるテキストブック。

おもな目次

子どものためのACT実践ガイド

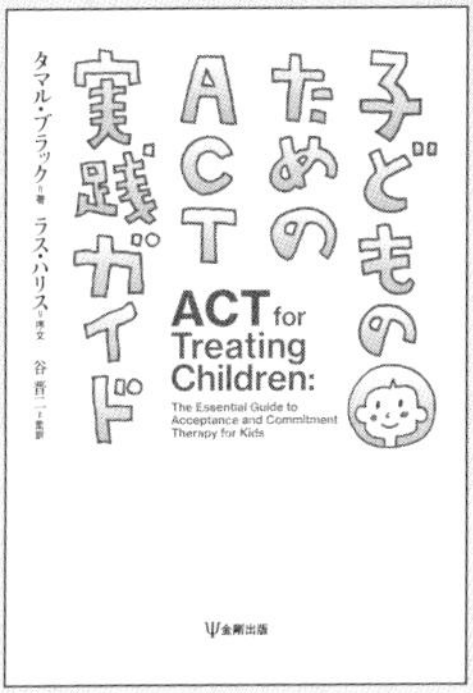

［著］タマル・ブラック
［監訳］谷 晋二

A5判｜並製｜280頁
定価3,850円
ISBN978-4-7724-2040-2

「ACTキッズフレックス」（そのままにする／手放す／大切なことを学ぶ／大切なことをする／ここにいる／自分に気づく＋自分に優しくする）を基盤に、日々の生活のアレンジとゲーム感覚のエクササイズに取り組む。

5〜12歳の子どもと親を対象とした、実用的・シンプル・柔軟な包括的ACTプログラム。

親子で一緒に取り組んで、親子で一緒に楽になる、はじめての子どものACT入門。

ACT for Treating Children: The Essential Guide to Acceptance and Commitment Therapy for Kids

おもな目次

公認心理師必携!

事例で学ぶ教育・特別支援のエビデンスベイスト・プラクティス

［監修］一般社団法人
公認心理師の会
教育・特別支援部会
［責任編集］小関俊祐
大石幸二
嶋田洋徳
山本淳一

B5判｜並製｜224頁
定価3,520円
ISBN978-4-7724-2028-0

教育現場で活躍する公認心理師に求められる知識や技能を、第一線で活躍する執筆陣による豊富な実践事例とともに解説。

学校カウンセリングの領域においては、経験則による支援方法が慣例的に用いられてきた。本書ではそうした状況に対し、基礎心理学も含めた心理学領域が積み上げてきた「エビデンスに基づく知見を基準として検討を行う」という視点のもと、公認心理師の会 教育・特別支援部会が作成するコンピテンスリストに則って現職者および公認心理師を目指す、すべての学生に学びの指針を提供する。

おもな目次

発達障害支援者のための標準テキスト

幼児期から成人のアセスメントと支援のポイント

［監修］辻井正次
［責任編集］髙柳伸哉
［編］西牧謙吾
笹森洋樹
岡田 俊
日詰正文

A5判｜並製｜324頁
定価3,850円
ISBN978-4-7724-2038-9

発達障害児者の多様な側面への理解を深め、アセスメントやアセスメントツール、発達段階で起こりうる課題などに対する必要な知識、そして具体的な支援技法について学ぶことができる支援者向けテキスト。

保健・医療・福祉・教育等の全領域に対応し、この1冊で発達障害支援の全体像をとらえることができる構成となっている。また「発達障害ナビポータル」（https://hattatsu.go.jp/）の研修コンテンツ動画とともに学ぶこともできる。

おもな目次

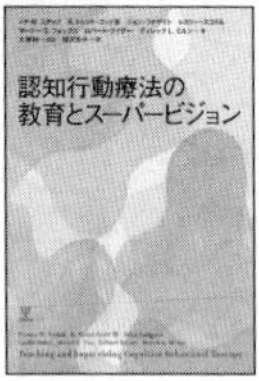

新刊のご案内

2024.6

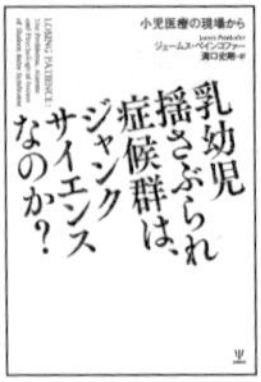

みながら理想とされたことを実現していくかという意味では、お手本がないところで模索し考えつつ進む経験でございました。

一九六二年、当時一ドルが三六〇円という、日本が本当に貧しい、今では考えられないような状況の時のことです。東京で新任の家庭裁判所調査官として一年の研修が終わったときに、アメリカへの留学を裁判所から命じられまして、一年間留学致しました。

2 アメリカ留学の経験

当時のアメリカは世界のいろんな意味でのリーダーの役割を担っている国でした。精神保健についての実践についても、目をみはるような先進的、理想的なものを追求しているという時代でした。ケネディ大統領の時代です。そういう中で、どういう状態の人であっても、その人に何か隠れた可能性を見つければ回復する、という信念が当時のアメリカにはありました。そのことに私は非常に感銘を受けたわけです。

3 司法臨床・民事鑑定・意見書作成

帰国後大学に移って教育や実践研究にたずさわりましたが、日本でも離婚が非常に増えてきていました。その中で、離婚することは同意しているけれども、子どもの親権をめぐって両親が激しく争うという事件が増加していました。裁判官の方々は、「親権の争いの対象となっている子どもが将来本当に人間的に健康に育つためにはどちらの親がいいかという判断をするのは、いわゆる法律マターというよりも心理学の素養ある人による「どう育てるか」という知見を基に判断が下されるべきである。これまでそんな民事鑑定を我が国でしたことはないけれども、ぜひそうした人間科学を導入した判決を出しておきたい」と、あろうことか最初に私に声がかかりました。金に糸目をつけず有能な弁護士さんを雇って激しく争っていて、最終的には最高裁まで辞さないというご夫婦の子どもさんに、どちらが適切な親かという鑑定を三カ月間に行うようにというものでした。本当にテキストも参考になる文献もない時代のことでした。

みなさんお考えになっておわかりのように、母親として二人の女性がいる時にどちらが適切かという判断は、非常に微妙なものではありますが、「女性」という本質的特性を共にしている中での選択です。これに対し父親と母親というのは本質的にそれぞれ特徴があるもので、やはり子どもにとっては両方が大事ですのでそれを比較してどちらが親権監護権者として適切か。しかも一生に渡る長い生涯を考えながら鑑定をするという、そういう前例のない難しい経験を致しました。

4　被害者支援

最近はニーズとマッチするような支援をするという意識が強く整ってまいりましたけれども、かつては善意からではございますが、生活の一番基本を整える必要があるところに行って、今苦しい心境を聞かせてくださいというような面接をする支援ですとか、いろいろマッチしないこともございました。亡くなられた河合隼雄先生がその担当を日本臨床心理士会でやれとおっしゃり、相手のニーズに真に合った被害者支援を私共の役割として意識しました。

5　青年期クライエントへの居場所作り

こちらの病院では青年期の方々に本当に即応したアプローチということで、院内だけではなくて院外生活も取り入れたケアに力を入れた活動をされているようですが、今から四〇年ぐらい前の我が国ではそういうことにはあまり関心がございませんでした。それで身銭を切って、精神科病院や少年院を退院してきてこの世の中に行き場がない、学校に行くにも学力が遅れている、というような青年期の人のための通所施設を作った卒業生がいまして、その施設で青年たちが社会へ復帰するのを助ける支援にもかかわりました。歳は二〇歳に近いのですけれども学力は小学校低学年ぐらいといいますか、自分の人生を諦めているような青年たちに勉強を教える。それも普通のテキストは無理で、おもしろいと思うことが人の学びたい知りたいということの元ですから、決して得意じゃなかったのですけれども、若い先生を誘って理科の実験を一緒にする、というように手探りのことをやりました。

6　重複聴覚障害の施設での経験

重複聴覚障害という方々の施設、これは聴覚に障害がある上に知的障害あるいは精神障害があって、いろんな形で行き場のない方々の施設でございます。ここは本当に日陰のような状況で、そこに行ってなんとかこの人たちがもう少し人間的な状態で日々暮らせるように、何か心理学的にやってほしいということでした。

本当に何もわからないところでやってきたようなわけでございますので、すっきりと整理されたお話というよりは模索しながら考えてきたこと、今考えていることをお伝えしたいと思います。

二　クライエントに出会って、気付き、考え、行おうと努めてきたこと

1　こころとは何か

こころとは何かと、具象化して考えますと、その人が自分のことをどう捉えているか、それから他の人や物や事、この「こと」というのは、たとえば結婚すること、失業すること、就職することですね。人生には色々あります。そういうさまざまなことへの関わり方にその人のこころが現れているというふうに私は考えるようになりまして、この結果、人のこころがその人らしく落ち着いていくためには、生活を視野に入れることが大事だと考えるようになりました。

表1　人のこころと現代社会

1. こころとは具象化して捉えがたいが、「人が自分自身をどう捉えているか、人や物、ことへどうかかわるか、そのかかわり方に顕れている」といえよう。人の基本的願いとは「自分の生を享受し、資質を応分に発揮し、相互に認めあい、分かち合って、自分らしく生きる」
　→ 生活を視野に入れた心理臨床、焦点と全体性のバランス、標準を意識しながらも個別性を大切に、バランス感覚　→　統合的アプローチを。

2. 現代の文明がもたらす光と影
利便性　対　人の感性、自発性を損なう
生産効率　対　寛容さ、「惻隠の情」の摩滅
情報の氾濫　対　観察、気づく力、試行・探索力、能動性、言葉の衰退
制度化された時間　対　個人の時間、「時熟」という時間感覚の衰退
合理的に合目的的にしつらえられた空間　対　可塑性、想像力を巡らす空間
生産効率重視という無形の尺度　対　個人の尊厳
職住分離、長時間勤務、不規則な勤務形態　対　家庭生活・コミュニティの変容

3. 自立性、自律性、しなやかさが育ちにくい時代ではなかろうか

2　現代の文明がもたらす光と影

現代文明というのは人々の暮らしに大きな利便性をもたらしましたが、これは決していいことだけではなくて、それに対する弊害もありますね。ぱっとスマホを見るとすぐわかったように何か出てきますし、これで、わかったなあと思いますけれど、やはり自分で調べる、体験を通して調べ納得することで、本当にその人の生きた知識と知恵になるのです。

ぱっと見てぱっとわかった気になってもだいたいその後抜けていく……。私たちの知的情緒的世界はよほど気をつけていないと、薄く通りいっぺんという具合になるのではと危惧されます。

3　自分の現在の時・所・位を自覚している

私が生き難さを抱えているクライエントの方にお会いする時に、何を大事にしているかというと、まず、自分の時・所・位を自覚している。つまり自分の年齢、体力、精神力、その他余力がどの程度あるか、それから今どういう時代だろうか、目の前の困っている方はライフサイクルのどういう時期で、その時期はどんなような心身の課題が一般的にあるかと考える。

それから「所」ですけども、自分が所属している所はどんなところか、そこの所・機関が社会的に担っている役割は何で、できることとできないことが何かについて考える。できないことは他の機関にお願いするのがいいか、つまり連携、リファーする、ということを考えて、なんでも一人で

表2　クライエントに出会って，気づき，考え，行おうと努めてきたこと

・自分の現在の時・所・位を自覚している。 ・伝えられたことをひとまずはありのままにまず受けとめる。 ・点　→　線　→　面　→　立体　→　アルファ　というように根拠のある想像力を働かせ，仮説を精度の高いものにしていきたい……。 ・事実をして語らしめるという表現・記述を。 ・こころとは人が自分自身をどう捉えているか，人や物，そしてことへどう関わるかに現れている。 ・つまり，生活の仕方，暮らし方に現れている。 ・時間の経過と空間の広がりの中の交点にある今の現実。

抱え込むのではなく、時を逃さず密接な対応を心がけるためには、「所」というものについて自覚していること。

次に「位」ですけど、位は自分のいるところの中で自分はどういう位置づけであるのか、まだ新人である時はいきなり自分で判断する前に指導者に相談する、あるいは大きな問題であれば指導者の方のさらに上、組織の上のところまでいくということがある。この時・所・位の判断を的確に考えると、自分の行動がぶれないであろうと思います。

4　伝えられたことをまずはありのままに受けとめる

まずは相手が伝えようとすることをはなから疑うとか嘘だと思うというよりは、素直に受け取ってみる。その最初に受け取ったものは点のような小さな情報です。対人相手の仕事というのはいわゆる専門的な、心理学の理論や技法ばかりを修得すればいいというよりも、ジェネラルアーツと申しますか、質のいい一般教養と経験をたくさんもっていることが大切です。一

見些細なことのようでも、何かを聞くとそれに関係あるいろんな事柄、知識や経験からぱーっと連想して、点のようなことの背景にこんなことがあるのじゃないかという想像ができますね。従って根拠を元にして想像を巡らすには、普段からジェネラルアーツ、いわゆる質のいい一般教養や、それから逆に苦しいことや辛いこと快いこと、さまざまの経験が役に立ちます。そういうものを豊かに増やしていくことが、専門的な理論や技法を活かす上で大事だと思います。

5　点→線→面→立体→アルファ、と根拠のある想像力を働かせる

点のようなことを聞いても、いろいろな知識や経験があると、それにまつわることを思いつきますね。思いついて考えていると、点のようなことにまつわるさまざまな知識や経験が想起されて膨らんできます。点が膨らむと線になる。また線にまつわることを考えていると面になる。面になったことをいろいろ経験や知識をもとに、考えたり時には調べたり聞いたりすると立体になる。

こういうふうに根拠のある、決して感覚的にこうだと決めつけることではありませんけど、根拠があればそれを元に自分の知識や経験を生かして、想像力で補いつつ相手に対する会話をより的確なものにしていくことができる。ですからいつも学ぶことは欠かせないと思います。

6　事実をして語らしめるという表現・記述を

次に、困っている方や困った問題に出会うと、なんとなく解釈的な言葉や抽象的な難しい用語でそれを述べるというのが一般論ですけど、むしろ私は事実をして語らしめるというような言葉や文章が、公共性をもっていろんな方に伝わるのではないだろうか。いきなり自分の解釈した言葉で、この人やこの問題はこうだと最初から焦点を絞った、自分の主観が色濃くでるような表現は控えたいと思っております。その人の生活の仕方や暮らし方を自然に聞いていく中に、おのずとその人の心のありかた、精神状態というものが現れてくる、こういう流れで事実が明らかに確かになっていくと思います。

三　理論や技法と目前の現実について当初から迷い考えてきた

1　生物－心理－社会モデル

当然、人を理解していくときにはやはりその人の生物学的・気質的な生まれたときの特質というか素地があって、その人が周りの人や物事とどんなかかわりを持っているかということから、現在のその人のこころというものが育ち、たち現れる。その人の行動特徴が明らかになってくる。ですから生物－心理－社会モデルというのが基本だろうと思います。何十年か前、私が家庭裁判所に勤めた時に、この少年はこの事件を起こしてしまうのは何故と考えるときに、今申しました三つの

表3　理論や技法と目前の現実について当初から迷い考えてきた

・生物－心理－社会モデルを迷いながら基本においてきた（家裁時代～） ・「専門性とは存在である」広岡知彦（理学博士） ・心理療法とは「患者に出会ったその時から別れるときまでの全てである」青木省三，土居健郎，山下格，村上伸治，P. ジャネ ・現象や言葉の背景を根拠を持って想像する。 ⇩ ・具象と抽象を循環させている　⇨　“生活”を視野に入れる。

次元のことをあわせて考えるということが必要だと思っていました。

2　「専門性とは存在である」（広岡知彦）

「専門性とは存在である」と申しますと，普通アカデミックでないとか科学的ではないというふうになるんですけど，こういう仕事をしていて，ここに書かせていただいたようなことが基本になるように思います（表3）。この広岡とおっしゃる方は少年院や児童養護施設を出て行き場のない青年のために自立援助ホームという施設や医療機関から世に出て，よるべない青年たちの施設を日本で初めて作られた方です。「恵まれた自分のような者と違うそういう若者に手を差し伸べたい」と，仲間を募って古新聞の回収をして，そういう居場所のない若者が社会に立ち返っていくための施設を創設されました。それは今では厚生労働省管轄の一つの中間施設の形態になっております。

この方は専門性とは存在であるとおっしゃいます。私も本当にそう思います。そう思うと自分が恥ずかしくなってくるのですけれど……。(広岡氏は、当時の朝日新聞社社長の御子息で東大の理学部で将来を期待された助手をされていました。ご自分の家の事情や研究者であることは一切、明かされず「この少年たちが立ちなおっていくには手を差しのべることが必要だ……」と福祉の道を選ばれたのです)。

3　心理療法とは「患者に出会ったその時から別れるときまでの全てである」

ここでは先生方のお一人おひとり名前を挙げることはできませんでしたが、出会ったときから別れるときまでの全てが、心理療法なのではないでしょうか。一方で、エビデンスというものが科学だというようなことに対して、いわゆる存在とか人柄っていうと古風でアカデミックでないようですけど、しかし、これは当事者からしてみれば本当はとても大事なことだろうと改めて思います。

四　レジリエンスとは困難な体験からの「回復」

重度の精神障害を持っている高齢者の方の施設に行ってみますと、たとえば検査をしていろんな精神機能のデータをとると同じぐらいであろうなあと思う方の中でも、職員の方となめらかな会話もできないし、とんちんかんなことがあったりしても、ご本人は心穏やかなように見えるし、みんなからも好かれていい感じでという人と、絶えずいざこざがあって、鼻つまみの状態になっている

表４　レジリエンスとは困難な体験からの『回復』

ラテン語の resilire, re　＋　salire（はねる）→

がばっと跳ね起きる　→　「風と共に去りぬ」のスカーレット・オハラ

・生態系では回復不可能状態を回避する生態系の力。
・土木工学　→　建造物が損傷を受けた後でもベースラインまで回復する性能を意味する。
・システム，企業，個人が極度の状況変化に直面したとき基本的な目的と健全性を維持する能力。

レジリエンスの特性
＊個人内要因（肯定的未来志向，感情の調整，興味や関心の多様性，忍耐力）と外的要因
＊資質的側面と獲得的側面
＊横断的な（現症的）側面と縦断的・発達的側面

人がおられます。もともとそういうものを持って生まれてきたわけではないのに、でもどこにも世の中に居場所がない感じで、最後にこの施設に来ても、能力的に言っても同じぐらいの人なのに、人と人の繋がりの中に居られる人がいるのに、この人はなぜ居られないのだろうか。何かその人なりにささやかでも自分の存在にそれなりに意味というか満足というものを感じて、その人らしくトゲトゲしない、そういう生き方ってないだろうかと考えさせられます。

がばっと跳ね起きる

たとえば、映画『風と共に去りぬ』の中の、魅力的で意志の強いスカーレット・オハラは、破格の美人でしたから、みんながなびいてくるという女性だったのですけど、南北戦争に負けて領地を

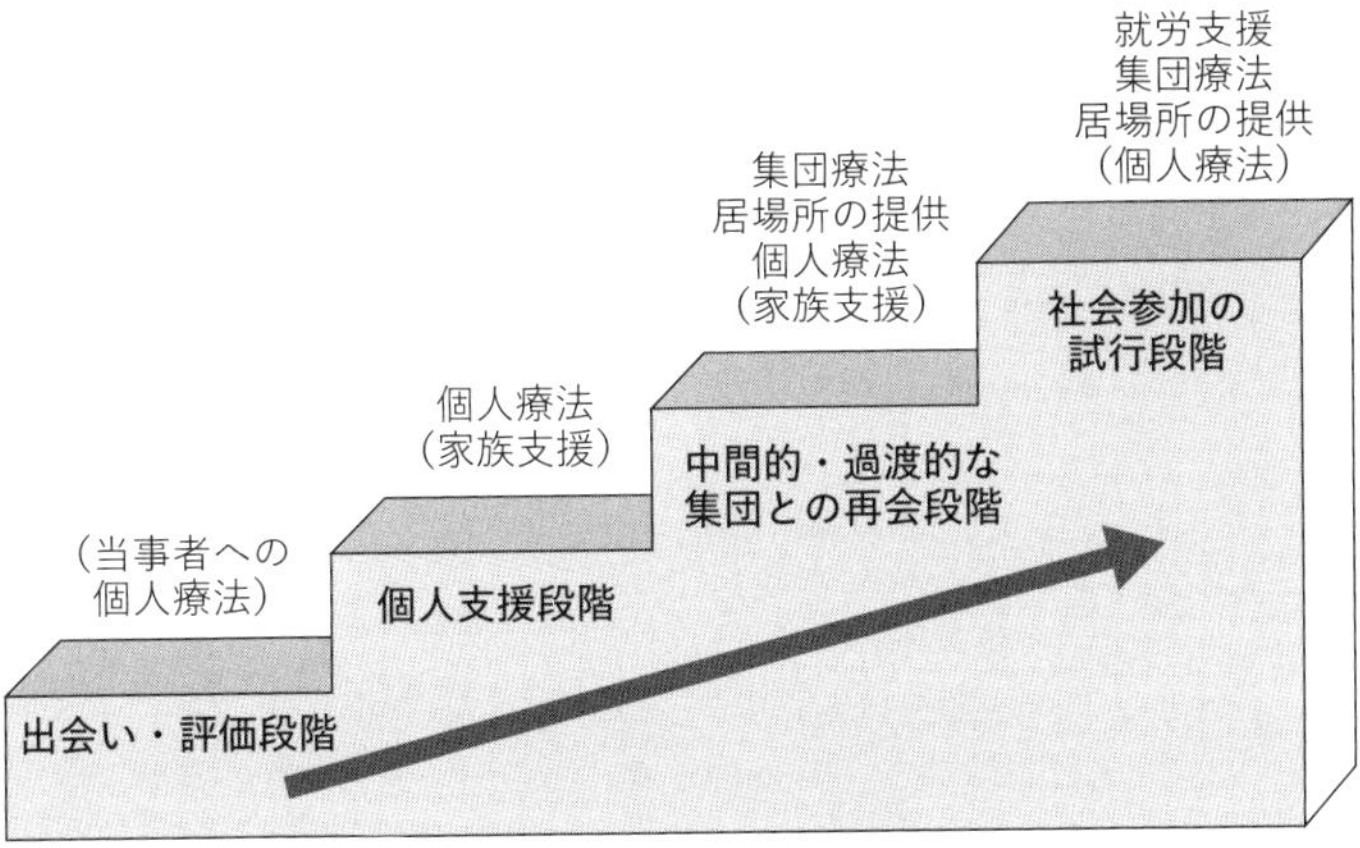

図２　支援の諸段階

追われ、屋敷を焼き払われて財産を失い、さらに夫であるレット・バトラーに去られて、全てを失ったときにも、メソメソしないでいきなり「私には土がある」と言ってすくっと立ち上がるという映画の終わりでした。レジリエンスっていう言葉は、そういうニュアンスがあるのですね。

本当に不遇の種をいっぱい自分はもらって生まれてきたけれど、でも自分は立派に生きてきて、自分の生はそれなりのものだったというふうに、味わっていただけたらなということで、レジリエンスの説明と類似しているので述べました。さらにもうちょっと慎ましいことを考えているのが、今日の状態でございます。これを見ておわかりのように、こういうことから社会的な空間が広がり、場所ができていくわけですけれども、それが乏しくてもこれに類似した状況がどうしたら可能かというのが表題の意味でございます。

五　支援を進める過程の原則

1　一人称、二人称、三人称の視点を併せ持つ

支援をすすめるときに、支援者である自分たちはどんなふうにしたらいいだろうか。私はこんなふうに考えているのです。一人称と二人称と三人称、これを渾然一体とした状態が望ましいかと思いますが、これはなかなか難しい…。

言葉にいたしますと、一人称というのは本当に相手になった心持ち、なりきれませんけれども、身を添わせる心持ちで相手の内面を追体験するかのように、その人に近寄り生き生きと想像する。想像がその人に近いものになるためには、さっき申しましたジェネラルアーツが豊かで、いいことや苦しいことなどの体験が豊かであることがとても大事だと思います。

それから三人称というのは、たとえば客観的な指導としてこの人をこういうような方向へ導いていってというように、公共性をもってみんながその情報を共有できる、客観的に相手を対象化してきちんと書く、述べるという表現です。これは仕事をする上では不可欠ではあります。でもこればかりで考えると、クールで何か大事なものがちょっと足りないという状況になるわけです。

その次の二人称ですけど、これは一人称ほど限りなくその人に寄り添うあるいはその人になることはできませんけども、少し距離があって、こんな苦しみを持っていらっしゃるあなたはね、と膝

表5　支援を進める過程の原則

人として遇し，一人称，二人称，三人称の視点を併せ持つ 一人称…身を添わせるこころもちで相手の体験世界を想像する 　　　　（自分自身や世界をどう受けとめているのか） 二人称…関係を含んだ視点，態度で語りかける，接する 三人称…客観的に，公共性ある表現 家族との出会い…労う，これまでの努力を一概に否定しない 　　相談機関での個別面接，家庭訪問 　　状況によっては他の家族と会える機会を 　　時には危機介入的対応 本人との出会い…安堵感を贈る，評価を急がない 　　　　　　　　きき出すより，率直な自己表現を， 　　　　　　　　どういう自分であったら……， 　　　　　　　　問題ばかりでなく，潜在可能性，過去のよい経験

表6　アセスメント

1．現在の状態の把握とリソース 　何が原因かを究明することが第一というより，「この人たちはどのような可能性があるのか」「どういう生活を望んでいるのか」「そのためにできることは，まず着手できることは」とやりとりの中から得る情報にそって，どこから何をどうするかについて考える→経過につれて，アセスメントは正確さを増していく 2．家族について 　緊急事態度は？　今，困っていることは何か 　家族が試みたこと，できていることは？ 　家族はどれくらいの力があるか 　支援者の見立てを話して分かち合う，修正もある―共有

表７　本人に対するアセスメント

○まず本人に会う前に

・医療が必要な状態ではないか，自分の時・所・位の検討
・緊急度は……。社会経済的状況への配慮や対応

○本人に会えてから

・生活の状態：睡眠，食欲，その他基本的暮らし方，日内リズム
・現在，本人は何がやれているか，やっているか
・本人がなりたいと望んでいること
・本人の長所はどんなところ，得意なことなど

をつき合わせて相手の世界を想像しつつ、こんな痛みを感じられるでしょうねと話しかける、そういう感覚が二人称です。対人的な仕事をしている時に、これらが渾然一体とし、自分の中に出来上がっていくのが望ましいと思います。

2　家族支援：家族生活とは二律背反要素を持つ難しいもの

そもそも家族の生活とは非常に矛盾に満ちた難しいもので、甘えてほっとできるのが家族の生活ですけれども、しかし、人間としてどうあるかという一番基本を会得させる、しなければならないのはやっぱり家族生活を通してです。成長促進的であり、教育の一番基本は家族の生活の中でなされるはずです。そういう意味で社会化されて人が世の中の慣習に則ってふるまうことを学んでいくのも、家族生活を通してです。でも家族といえども、家族だからこそ相手の特徴、人格を認め、個性を大事にしなければなりません。そして、家族成員間の緊密な相互関係、家族ですから他人とは違ってお互いのことがよくわかって、以心伝心というよう

表8　家族支援

家族生活とは二律背反要素を持つ難しいもの （暮らしながらお互いに成長していく）焦らず，弛まず 甘える，憩う　　対　　成長促進的，教育的 社会化され，慣習に則っていく　　対　　個性尊重，人格を認める 家族成員間の緊密な相互関係　　対　　成員間の適切な距離，相互に自立を妨げない 家族関係の特質は他の人間関係のように「契約」を基底におくものでなく，情緒の結びつき，信頼関係を基底におくはずのもの 合理的関係と非合理的関係

な関係であるということは大事で、愛情を基本とした結びつきでもあるのです。しかし、家族だからこそ人としての尊厳を認めて、ほどよい距離をもつことも実は大事なことで、ある程度大きくなってきた子どもが学校に行っている間に、子どもの持ち物を全部見るのは本当に適切なことだろうかとか、考えなければならないことはいろいろあります。つまり、家族の生活というのは非常に矛盾した役割を持っているわけです。これをバランスよく持って良い家族生活を送ることは実は至難の業で、ちょっとしたきっかけで揉める要因はいっぱいあるわけです。うまくいかない時のご家族に会ってみますと、問題となるところはいくらでも目に付くわけですから、そこから話をしたくなりますがどうでしょうか。こうした難しい状況にあるとき、でもここから何か手がかりになることはないか、むしろそういうポジティブな面をサポートするほうが大事ではないかと思います。

表9　家族に対して

・家庭環境や生育・養育歴に原因を求めるのではなく，まずはほっとし，何を話してもよいという安堵感を贈ることを第一に（支援者は自分について省察を怠らない）
・「動き出せない」「踏み出せない」本人の状態を単なる怠けや反抗でなく矛盾を一杯抱えた名状しがたい自信の乏しさ，不安，焦りの入り交じる世界であることを伝える，根拠のある希望の種を
・孤立感を和らげ，生活の示唆を得るための機関を紹介 家族教室，家族グループ，家族自身の居場所感
・少しのことでも生活の中でできること
・全体状況のアセスメントは怠らない

3　どこから着手できるか

いろいろ問いただすというよりも、まず相手の話を聞きながらその中でどこから着手できるかと考える。相手の話し方や衣服の着方、部屋に入ってくる時の様子、そういうことや自分の中のいろんな知識や経験を総動員すると、この生活をしてひょっとしてこんなことがあったのじゃないか、といろいろ浮かびます。むしろネガティブなところをクリアにするよりも、どこから着手できるかというような気持ちで家族に出会うことが、実効性があると思います。

4　真正のこころにとどく言葉

ですから、まず個人に関して基本的な肯定感を持つ。だいたい自信がなくなって、自分は居ても意味がないと思っているような重篤な状態の人に、それでもゼロではないという言葉をどう贈るかということです。真正のこころにとどく言葉ということですが、決まった公式はないようで

表 10　本人への支援の留意点

①まず安堵感を（見捨てられ感，自信の乏しさ，被支配への警戒。 孤独でいるのは辛い，人と繋がりたい……この矛盾した辛さを身を添わせる心持ちで想像する） 真正のこころにとどく言葉（表 11）を届けられるか。 ②相談の場で出会えてよかったと本人が思うには？ ③何を話してもよい，とひとまずは安心できる。 ④今の暮らしの状態を話題に，できていること，関心のあることの種が見つかる。 ⑤本人の言葉，表現を待つ，その必然性を受けとめる ⑥社会の中にある支援機関，支援者があること，何気ない機会を活かす契機があることをさりげなく伝える。 ⑦スモールステップで考え，小さなことでもできていたこと，できることを思いだし考える。 ⑧小さなことの集積が生活であり，生きることであり，社会へ繋がる

表 11　コミュニケーションが生じる面接の過程

・全体状況を思考の視野に入れ，多焦点で観察しながら，その都度，必要な焦点化を行う。 ⇩ ・クライエントの環境については基本的に受け身的な姿勢で，しかし，微少な手懸かりをもとに知見を総動員して根拠に則って想像力を働かせる　→　瞬時に ⇩ ・クライエントの体験世界を想像すると同時に，自分の内面に浮かぶ感情，思考内容を正直に認識する　→　瞬時に ⇩ ・そこで，クライエントに向かって，独自性があり，平易で明確な言葉を，Visceral（内蔵感覚的，直感的）な感覚の繋がりもあり言葉を発する ⇩ コミュニケーション

す。他ならないその個人にとどく言葉……、それはすぐれて個別的なその人にあわせた言葉でしょう。その時点でその人に出会って、自分なりの知り得たことや出会った時の印象を総動員して、自分の中から湧き上がってくる一番素直な言葉が、黙秘を貫こうとしている、抵抗している人がふっと救われたような気持ちになって、そこから繋がりが生まれるのであろうと思います。

5　あるエピソード――率直で正直な言葉

ある児童養護施設で、最近、性的な問題が多く課題になっていました。山登りに行き子どもたちが疲れて熟睡しているときに高校生が中学生や小学生の部屋に入って、性的に犯すという行為の直前で、未遂に終わったのですけど、その高校生の妹さんが同じ部屋にいて、その子は目が覚めてお兄さんの行動を目撃したわけです。彼女は苦しみ、ためらいましたが次第を職員に話しました。

当然施設にそのまま居るということは無理ですので児童相談所に連絡し、本人に事実を確認したところ、兄は強く否認し、妹が寝ぼけていて夢を見たんだ、とんでもない濡れ衣だと言い張る。しかし、妹はそうではないと言って。妹さんはなかなかしっかりしていて、前後状況から決してそんな寝ぼけていたのではないということはわかる。いろんなことを総合すると、やはりお兄さんがその行為に及んだことはほぼ間違いないのですけれども、本人がそれを認めないことには次の措置はできない。

とにかくこれは大変だということで、その高校生が一番身近で打ち解けている男性職員の方が、別棟の個室で一緒に暮らしていろんな話をしたけれど、「違う違う、濡れ衣だ」と言い張る。児童相談所に行って、児童相談所の専門家に聞かれてもやはりそう言う。そこで突然、私に何の断りもなく、そうだ、村瀬に会ってもらおうというふうに決まった。私にはそんなことを聞く権限はないと申したのですけれど……。児相の職員でもないし、施設の職員でもないと申したのですけども、児相も施設も子どもの本当の気持ちを聞いてからでないと、次のことはできないということになりました。

その高校生は施設の別室で一人で暮らすように対処され、高校は通学していたのですが、ある夕方私のもとへ連れてこられました。無表情で、鉛の服でも着ているんじゃないかというように、どさっどさっと足取り重く、無表情のまま座って、私があいさつをしてもうなずくだけで、返事をしません。迷った末、これはやはり正直な自分を出すこと以外ない。しかも村瀬は彼に査問する権限がないのに、連れてこられているわけです。それで正直に「あなたは何も私に答える義務はない。私はあなたにいろんなことを問う資格や立場ではない。けれど、どうやったらみんながより良く安心して暮らせるか、あなた自身も仮に疑いであっても、疑いを持たれないような生き方をするということとも関連するので、私は査問とか事実を確認するということでなく、やむをえずこうやってお会いすることになった」と言うと、彼はじーっと私の顔を鉛のような顔色で見ているのです。

私は正直に申しました。「いろんな考え方がある。世の中には自分というものを売り物にする人もあり、またそういう状況がないわけではない。けれども、たとえば未遂に終わったと思ってもあなたがやろうとしたこと、相手のことはみんなが考えている。（彼は私に最初に違いますと言ったのですが）あなたは違うと言ったけど、あの行為というのはやはり大変なことで、平気でそれを金銭に換える人もいるけれど、私だったら、そういうふうに犯される、あるいは犯されなくても大変な辱めを受けるということと、顔の片方に熱湯をかけられて、人が見たらあっと息を飲むように顔が崩れる、この二つのどっちかを選ばないといけないと言われたら、一瞬ためらうけど、私は顔の片方が爛《ただ》れてそれで友人を失ったり、あるいはその後の自分の人生が随分狭められるかもしれないけど、でも私はそっちを選ぶ」と、本当に思ったので、そう申しました。

そうしたら彼は「僕がやりました」と静かにはっきりと認めました。しかも驚いたことに、彼は三人兄妹一緒に施設に入っていたのですが、妹が二人で上の妹はずっと不登校で重い自閉症と言われていました。この妹（中一）はほとんど話さなくて一日中椅子に座っていて、そこに職員がご飯を持っていって食べているという状況だったようです。そして「僕は施設に入るまで本当に孤独で、上の妹を何年間かいつも慰み物にしました。その結果妹は何も反応せず、ものも言わなくなったのです。今初めて本当のことを言いました」とはっきり話しました。本当に驚きました。

でも私は、二人きりの中で私はあなたに聞きただす権限がない中で、施設側と児童相談所の依頼で一人の人として出会ったのが事実だから、前言を翻しても、それを私は強く留める権限があるかというと微妙で、「貴方自身の良心に従って答えて下さいね」と申しました。「いえ、事実です。卒業間近ですけどこれで退学になっても仕方ありません。今の施設から移されて、児童自立支援施設に行っても仕方がないと思います。本当のことです」と、彼は私と視線を合わせ、はっきり答えました。

結論を申しますと、椅子に座ったきりの妹さんはもう一回精神科の先生の診断や治療を受けることになって、不登校の状態から作業所で働けるような人になり、作業の仕方をはじめ、人との接し方も自然になっていったと伺いました。彼もそれなりに社会で自立しています。他にも私は人の告白を引き出す役割でも何でもないのに、弁護士さんから争いのさなかにある子どもの気持ちを聞いてなどと依頼されて、本当に困るのですけれども。何て申しましょうか、個別の事情をそれなりに知った上で出てくる素直で正直な言葉、それが人の心に届くのではないだろうか。でもこれは毎日の自分の生き方がある程度そういうようなものでないと、言葉の力というのはなくなります。非常に難しいところです。

6　APAによる「レジリエンスを身につけるための10の方法」

これはアメリカ心理学会の勧告から引用したものです。私どもの心の中の動きから出てくる言葉

表12　APAによる
「レジリエンスを身につけるための10の方法」

1. 人間関係を構築すること：家族，友人，重要な他者との間の良好な関係を築く，あなたをケアしてくれる人や，あなたの話に耳をかたむけてくれる人からの援助を受け入れることはレジリエンスを増大させる。
2. 危機を乗り越えられない問題として考えないこと：ストレスに満ちた出来事自体を変えることはできないが，出来事の解釈や反応は変えることができる。
3. 変えられない状況を受容すること：変えられる状況を受容すれば，変えられないであろう状況に注意を払うことができるようになる。
4. 目標をたてて，それに向かって進むこと：たとえ小さなことであっても，定期的に何かを行えば，最終的な目標に到達できる。
5. 断固として行動をとること：問題やストレスから逃避することなく，困難な状況，断固とした行動をとることによって，かえって解決は近づく。
6. 自己発見の機会を探すこと：努力してもうまくいかないことはある。そのような場合でも，自分自身について何かを学び，成長する機会には必ずなる。
7. 肯定的な視点を涵養すること：問題解決に関する自信を深めることは，レジリエンスを身につけることにつながる。
8. 長期的な視点を維持すること：苦痛に満ちた出来事に直面しても，できるだけ幅広く長期的視点を持つように心懸ける。
9. 希望的な見通しを維持すること：楽観的に考えて，希望を視覚化すること。
10. 自分自身を大切にすること：自分の希望や感情に注意を払い，楽しくリラックスできる活動に参加する。

は、結果として言葉にまとめてしまえばこうなるのですね。アメリカ心理学会では、レジリエンスが身についていくために、この10の平素の心がけを呈示しているのです。

六　子ども時代とレジリエンス

1　人は終生誰かの子どもという位置をもっている

人の心にとって、子ども時代の記憶というのは、非常に大切な意味をもっています。夫婦というのは離婚すれば他人ですけれど、親子関係というのは親が離婚しても、一生自分は誰かの子どもであるというそういう位置関係は残りますね。これは人間にとって大変意味が重いのです。

私は今、先ほど申しました障害のある方の高齢者の施設にかかわっているのですけれど、施設に一人で入っていて寂しいと話されますけど、でも九〇歳を過ぎた方が一番大事に話されるのは、幼い時のことで、お母さんの思い出が一番多く、しかもそれらは生彩があるのです。

2　根拠を元に想像を巡らすと相手と繋がりができる

元気になるというのは、言葉だけではなくて非言語的な要素も大きいものです。この非言語的・要素、それをわかりやすく文章にしたり、直すのはとっても難しいのですけれど、頑なでコミュニケーションが生まれそうにない難しい人の前にいる時に、たとえばどんなことを感じ考えているか

表 13　子ども時代とレジリエンス

子ども時代とは 1. 乳幼児期から青年期までを総称する。 2. 親子関係という観点から，子どもの位置付けを考える。 これまでは，人は終生誰かの子どもという位置を持っていた。 3. シンガー（Singer, E.）の精神的健康の状態を指す 子どもらしさ（childlikeness） 臨床場面から， ① 初めての思い出，何歳，どんなこと ② 家庭での食べ物の思い出，誰が何を ③ 親を一人の人として意識したのは （①〜③）その人を理解するのに意味がある。

と言いますと、ほんの少しその人についての情報があるとすると、それを元に先ほど申しましたようにその情報に関連のある時代背景ですとか、その人の前に住んでいらした土地はこんなところだとかと考えると、その情報が立体的になって、こうではないかなあ、そうかもしれないといろんなことが思い浮かんできて点が線に、線が立体へという具合になります。

そういう時、一つの情報にまつわる全体状況を思い浮かべるということが大事になります。ただし、大事なことは根掘り葉掘り無理して聞くというよりは、与えられた目の前にあるもの、向こうがちょっと語られたことを元にして、それにまつわることを思い描くのです。自分の知識や経験を総動員して僅かな手がかりを見つけて考えてみると、目の前の人はほとんどものを言わないし、表情はあんまり動かないけれど、こんなことを感じてこんなことに怯えているんじゃないかなあというふうに、想像がだんだん

表 14　レジリエンスが発現し育つ契機
転機の生じるその時間，出会いの一回性を生きる

・能動的で，かつ包む聴き方
相手の表現することと表現されないこと，この両者へ開かれていること
相手の内的感覚の流動的世界，面接者自身の内的感覚の世界に注意を寄せつつ，全体状況を俯瞰する視点をも併せ持つ。

・面接者の内的感覚によって浮かび上がってくるクライエントの世界の今，まさに焦点と考えられることを控えめに（メタファー）表現してみる。（余韻を残す）

表 15　治癒・変容の生じる契機，転機

1. コミュニケーションの生成
言語的・非言語的，時に sensory で visceral

2. 関係の生成へと
観察（視覚・聴覚はもちろん，他の感覚をも。しかし，触角は例外的に）
聴き入る（伝えられるものを伝えられるものとして）

3. ①クライエントの内的感覚
（前言語的なレベルへの偏りなく漂う関心）
②面接者の内的感覚
（相手の語りや観察内容から描き出す世界像をできるだけヴィヴィッドに，複眼の視野，多軸で）に注目，活性化し，クライエントの伝えるものを自分の中にくぐらせる。

立体的になって描けてくるわけです。そして描けてきたときに思ったこと、感じたことをそっと正直に出すと、なぜかそれは相手に通じてそこからコミュニケーションが始まるのです。

これは本当に短い一瞬ですけれど、冒頭から申しましたように、僅かな手がかりを元にしながらそれに関連のある、自分の知識や経験の棚の中をばーっとまさぐって関係のあるものを引き出すと本当はこうじゃないか、こういう暮らしをしていてこう思っていて、でもこんな矛盾した気持ちがあるんじゃないか、というのがだんだん描けてくるので、そこから思うことを話すのですね。

こういう感覚になっている時というのは、全部言葉できちっと説明し尽くせるとはいきませんが、ある種の感覚的なもので、こうじゃないかなあっていうふうに自分の態勢が整うと、うまく表現できず混沌として苦しんでおられる方が、何かほんの少し繋がるところがあると感じられるようです。あとで健康になってかなり話ができるようになった人が、そういう解説をしてくださることがあります。なので、早々に諦めないで、知識と経験を総動員して、根拠を元に想像を巡らすということをしますと相手と繋がりができるのです。

七　重複聴覚障害者施設における心理的援助を求められて

ある時、重複聴覚障害を持った方々の施設の施設長さんが看護師さんと主任の方を同道されてみえて、「とにかくどう対応するか非常に難しくて、職員がすぐ燃え尽きてしまって大変だし、こう

表16　転機の実際：事例の素描

重複聴覚障害者の入所施設における心理的援助を求められて
1）施設の概要：
聴覚障害者に加えて，知的障害，精神障害，肢体不自由，視覚障害を併せ持つ成人五十数名，平均年齢40歳余（18歳〜74歳），十数名が向精神薬投与を受けている。

両親の高齢化，その他諸々の事情で家族の物心両面の支えが薄い。

全国で重複聴覚障害者の施設は6カ所。入所待機者は多いが国は脱施設化の方針。

2）施設とのかかわりの発端
極度の対人関係拒否，強迫傾向を持つ33歳女性への心理援助を求められて表現されないのど元一枚下の気持ちを忖度，点から思い描く生活史。

関心のありそうな脅かさない刺激の提示，緩やかな症状の軽減過程の始まり。

3）施設職員や家族を対象に，障害者へのかかわり方についての話を求められて：「講義なんて効き目ない！」
・非言語的アプローチの実際など。
・コミュニケーションの発端が見つかることの体験共有
（カタツムリ，電話している子ども，生活経験を享受できていた高校生時代の想起など）

いう人たちにどう声をかけたらいいのかわからない。統合失調症で聞こえない人が、病院にいてもよくならないし、施設でと言われて来ておられるが、薬を飲んでこんこんと眠っている時間が長い。だけど、ただ薬で抑えて眠っている時間が増えるというのはおかしい。やっぱり、もう少し人間らしくなるように、あなたが重複聴覚障害者の施設にきて、心理学的な援助をしてほしい」と言われたのです。とてもそんなことはできないと、最初は辞退いたしましたが、その方たちは電車で二時間半もかかるところから、度重ねていらしたのですね。それをお断りすることはできず、当てもないことを引き受けるのは無責任でしたけれども、お引き受け致しました。

【事例1】極度の対人関係拒否、強迫傾向を持つ三三歳女性

中国で第二次大戦中に生まれた、その後、孤児として残留されたということですが、いきさつはよくわからないのです。中国の農村部でいろんなものが整わず、生活水準の低い所であったそうです。中耳炎にかかっていたところ、日本に七歳の時に帰国して、ご両親は日本人でしたけれども日本語がわからなくて、中耳炎の手術の後の処置をきちんとできなくて、もともと聴力に少し障害のあったのが決定的に聞こえなくなったということでした。その時三三歳になっていた女性は、強迫症状でお風呂も三時間ぐらい入っている、一日中つばを吐いてティッシュペーパーを一〇箱ぐらい使うという感じで、私は精神科の診断治療が必要な状態だと思いました。ところが病院にしばらく入院していましたけれど、一日中座ったっきり、拒食でものを食べず全く動かなくなったので、結局経管栄養になり廊下でぽつんと椅子に座っている。施設にいたときは、自分でお風呂も入ったし歩いたし、三時間ぐらいかかるときもあったけれど、自分でご飯を食べてまだ人間的な生活ができていた。自分の家族がこうなったらそれでいいと思いますかって所長が私におっしゃって、それでいいとは思わないけれど、どうしたらいいのだろう、と本当に不安でした。

付き添ってきた職員の方は「ここまで来る時、電車の乗り継ぎがうまくいかなくて、ホームで一息したので三時間以上かかりました。その間、この人はずっとつば吐きしていた」そうで、「紙につばをとっているだけでしたか」とたずねたのです。すると、「都内を動いて、道を歩いて乳母車に乗っている赤ちゃんをじーっと見ていました。それから時たまこう上を見て、電柱に止まっている雀をじーっと見ました」と言われたんですね。みなさんどう思われますか。

私、その感想を言ってくださった職員って素晴らしい方だと思いました。ここからそんなことを考えるのは、あなたはなんかおかしい想像し過ぎだとおっしゃるかもしれませんけど、どうでしょう。その人がそんなふうな三三歳の自分になりたいと、物心ついた時に思っただろうか。話はかなり割愛していますけど、中国にいる時は残留日本人として大変だったようです。生産性を上げるために大人は暗いうちから畑で働き、村のお年寄りが子どもをまとめて面倒を見ているという生活だったようです。

赤ちゃん、雀、子猫から、想像する

そういう環境で育って、日本に来て耳が聞こえなくなって施設を転々としてきたという人が、乳母車に乗っている赤ちゃんを見れば、もう一度赤ちゃんになって人生を最初からやれたらなあ、赤ちゃんはいいなあと思ったのではないかとふと考え、そして雀を見ると、そりゃあ今晩の餌があるか心配ですけども、でも雀って拘束されないで好きにどこでも一生飛べます。自分ってなんだろう。強迫症状にずっととらわれていて、本当にぽつんと一人でいて、でもいるところは施設しかない。雀はいいなあって思ったのじゃないでしょうか。

これは想像ですけれど、この人は自分の気持ちや考えを人に伝えられなくて、つばかり吐いていて、姿勢はこう固まっているのですね。すごいことだと。この人はやはり何か感じるものが残っているのではないかと思ったのです。遠くから連れてきていただいていて、これはなんとかしなくてはと思いました。さっきの雀と赤ちゃんの他に、歩いている時に子猫が窓の横にいたら、その人は子猫をずっと見つめていたというのです。猫って、どんな猫でも子どものときは可愛いですよね。私はその頃おとなしいアメリカンショートヘアーを飼っていたので、私じゃだめだけど、ひょっとしてうちの猫を連れてきて、その人に猫を見せたらどうだろうか。日本に引き揚げてから、とても限られた住居環境にいらっしゃるというお母様の話でしたので、次回、大学に私の家の猫を連れていきました。

「マオー！」

恐る恐るバスケットを開けて猫がひょっと出たら、耳が聞こえなくて物が言えないということになっていたその人が「マオー！」と言って、そうしたら非常に不機嫌で不幸の塊みたいな表情をされていたお母さんも「マオー！」と言って、二人で夢中でわーっと私の連れてきた猫を撫で回されたのです。私がびっくりしていたら、「マオ」って「猫」ですって、お母さんがおっしゃいました。その人は三三歳ですけれども、五、六歳くらいまでに覚えた中国語の「マオ」という単語を覚えていて、しかしそんなものを使う機会も三〇年近くなくて、だけど目の前に割とおとなしい、自慢じゃないですけど、ちょっとかわいい猫がいたのでその言葉が出たのでしょうね。この瞬間私は、何かこの人は変容できるであろうと思いました。これが契機でその人にこれをやりましょうということや、実際の動作を猫の絵で描いて、猫がやっているというふうに示し、この人もそれらの絵を見て強迫症状をだんだん短くするようになっていきました。このことを知って施設長さんは、「ああいう人はいっぱいいるんです。だからあなたが私たちの施設に来てください」と言われました。「施設のみんなは疲弊していてゆとりもないし、施設に来てください」と言われ、時間も自信もなくて迷ったのですけれども、そちらに参ることになりました。

「臨床心理学の講義なんて効き目ない！」

ところが、物事はそんなに簡単ではなくて、半分の職員の方は私たち心理職者が来ることは大賛成で、自分たちもどうしたらこういう重い人たちにかかわれるのか勉強したいということでしたが、半分の職員の方は面倒くさい、大きな事故が起きなければいい、もうたくさんだ、という意見で、賛否はちょうど半々でした。そこで施設長は私にその空気を変えて職員が元気に仕事ができるように、全体が変わるようにしてくださいと言われて、そんなことは無理だと思いながら、おずおずと参りました。

そして施設に行きますと、その反対されたほうの主任もいらっしゃったのですけれど、「臨床心理学の講義なんてなんの効き目もない、自分たちみんなが見ている前で、心理学の講義が役に立つというのを見せてくれて、僕たちが納得したらここを変えていきたい」と言われました。所長はこの主任の勢いに押された感じで、「なんとかやってみてください」とおっしゃいました。さて何から始めようか、その頃、海外の文献を調べても、こういう時の心理的援助という先例はなかったのです。

主任は、「僕たちが周りに円陣を組んでいる中で、あなたが何かを入所者にして見せて」と言われました。一人は自閉症で、背中に大きな傷跡があり、一日中床にゴロゴロ転がっている男性。ただ、唯一彼は、外に行ってカタツムリを捕まえてきて部屋に這わせている。みんなが気持ち悪がって、相部屋になるのを嫌がるけど、一人お年寄りでその部屋でいいという人がいるので何とかやっている。その自閉症で一日中床に転がっている青年と、それからもう一人は統合失調症と診断されて入院歴もあるけれど、この人は文章も書けるし、病気を発病する前は知的素質を発揮していたのではと考えられるが、今は全く意味のわからないことを語り、他の入所者と一緒の作業には入れないという女性でした。精神科の嘱託医によれば、この人は病気だけどもっと普通にそれなりに共同生活ができる人ということなので、そういうふうにしてほしい、と。二人を連れてくるから、二人にどうかかわるか全職員の（六〇人余り）前でやってみてという宿題をもらいました。

【事例2】カタツムリの青年

自閉症で学校も行けなかった青年は学力もなく、はたらきかけても手話では通じません。

手話を一応会得していても、具合の悪い時はやはり使えなくなります。それから手話というのは、一人ひとり使い方に個性があって、そんなに簡単ではない。そこで思いましたことは、まず、目で見て確かめることは共有できる。でも、絵は自分はこういうものという概念がまとまっていないと無理で、話に聞くとその青年は相当混沌とした状態だと……。

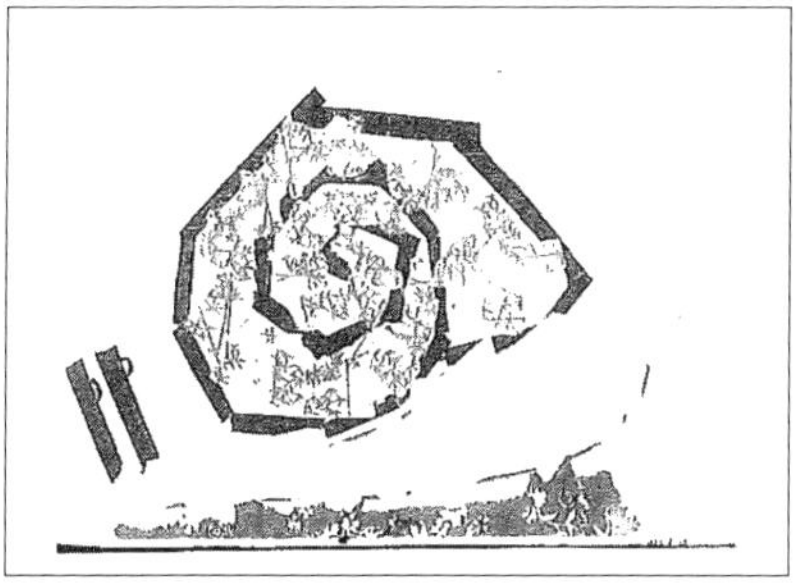

絵1

自閉症と言われ、それからあまり対応をされないできているし、絵を描くなどということは無理だけど、貼り絵だったら糊をつけて貼ればいいし、私が紙と糊を用意すればなんとかなるだろうと思って、身振り手振りでそれを伝えました。サンプルがあったほうがいいと思って、彼がカタツムリを好きだというので、カタツムリの貼り絵を作って持っていきました。それでも無理じゃないか、手伝わなきゃだめではないかなと思ったのですが、一人で貼って、なんとこういうのを製作したのです（絵1）。これカタツムリっておわかりでしょう？本人もこれを作って大変満足で、普段全然笑わない、言葉も出さない人なんですけど、これを見た時に、原画はもっと鮮やかな色なんですね。うっすらと笑って、すると職員の方も「ああ！　彼が笑った！」と言ってびっくりされ、そしてこの青年は気分が良くなったのか両方の人差し指を頭の上に立てて、カタツムリの角になぞらえ部屋を出ていく時に、なんとスキップをして退出されたので、みんながすごくびっくりしたのです。私も驚きました。

このあと、その方は、言葉は出ませんけれども、でもゴロゴロと寝てばかりではなくて、一緒に体操をするとかその日の日課に合わせて行動するようになり、周りと溶け込んだ生活をし、表情も少し動くようになって、全くそこに転がっているという状態から、施設の生活を楽しむようになったのです。

【事例3】電話している子どもを描いた女性

もう一人の方は、統合失調症と診断されていました。けれどこの人は能力もあるし、もう少し何かいろんなことができるのではないか。全く事実ではない、私の夫だとか娘などという、そういう

絵２

現実にないことばっかり話している、この人には知的な能力があるので、スクイッグルというなぐり描きの線を描いてそれを生かして好きな絵を描くことをやってもらいました。この人が描かれたのは、右側は留守番している子どもさんで、受話器を持って「お母さん早く帰ってきて！」と叫んでいる絵です（絵2）。そして左側のリボンを付けてむしろ子どもに見えるほうがお母さんで外出中。まだなかなか帰ってこない。子どもは「お母さん！」って言って電話をかけて一生懸命呼んでいるところなのです。私はこういう題材を選んで、しかも外に行っているお母さんのほうが子どもみたいで、家で電話をかけている子どものほうは、いわゆる子どもとはちょっと違う。しかもこの人は全く聞こえないのに電話をかけているということは、こういう状況の人からして、聞こえて生きているということはどんなことだろう。それは本当にいろんなことが通じてきっと素晴らしいことだろう。自分も聞こえたらなあという思いをずっと抱えて生きている。深い孤立感、それでもなぜかこの絵をいみじくも描かれたんだなあ、それは大変なことだなあと思って、言葉を一瞬失ってしまいました。なんと言っていいか、私たちは聞こえるのは当たり前と思っていますが、その人は一人、孤独だったのです。なにかこの人のそういう必然性

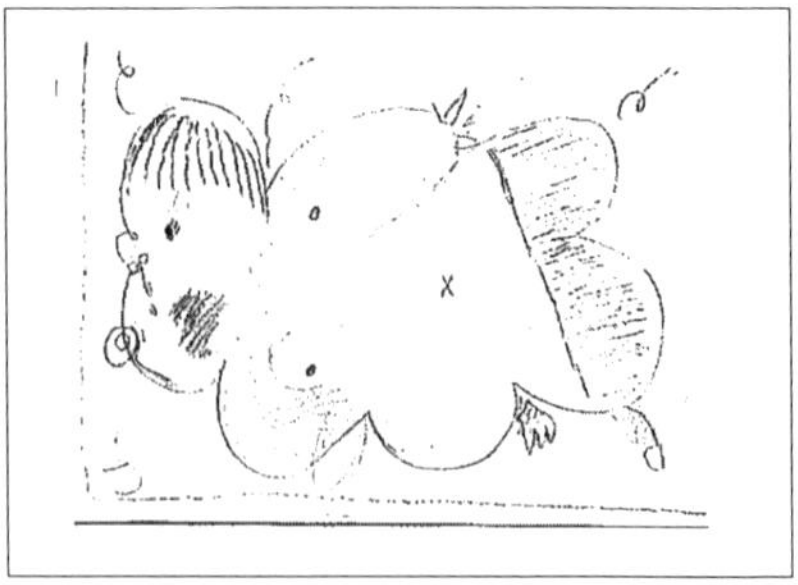

絵３

が伝わってきました。

でもこの人は私の目の奥までじーっと覗き込むように見つめられてからにっこり笑って、もう一枚絵を描きたいと言われて、描かれたのが次の絵です（絵３）。そして、説明されたのは、当時若秩父というあんこ型の非常に元気のいい力士が活躍していましたが、元気いっぱいな、その力士によく似た赤ちゃんです。とっても幸せな赤ちゃんです、ということをおっしゃいました。

本当にこれを見てみると、赤ちゃんがミルクを一杯飲んで満腹して幸せで、でもそのミルクを飲んだ時の口の感触が忘れがたくて、口のところについているのは、乳首をくわえているのだそうです。よく見ると、足が変だとかそういうことを言えばキリがありませんけれども、そんなことよりも、紙いっぱいに丸々と太った赤ちゃんを描いたっていうことは、本当に自分は聞こえなくて孤独でやるせないから、でもこんなふうにイキイキできたらと、こんなふうな存在のあり方を渇望する気持ちもあるのだなあ、と私はポジティブなことを感じて、ああこの人はずっとこのままでいるのではなく、変われるんじゃないかなあと思いました。彼女は字が読める人なので、今言ったようなことをさらさらと書いてみせると、頷いて納得をされ、とってもいい気持ちになったと。そのいい気持ちが消えてしまうといけないので、このまま今日は一度自分の部屋に戻って、部屋で自分のいい気持ちを貯めておくようにしたいから帰ると言って、笑いながら帰りました。

【事例4】八歳時のある朝の思い出

Aさん（六〇代）――聴覚障害に加え、一八歳時より視力減退、二一歳時失明

［主訴］孤立自閉的、自殺企図、感情抑制、ポスターを見て自ら来談。

掌に書かれるひらがなと、記憶している言葉を話す（自分では全く聞こえず、声の調節ができないのを恥じ入られる）。

・加齢、人手に多く頼らざるを得ない自分、多くを諦め、失ってきた過去（記憶はおぼろ）。

・生きるに値しない自分、死ぬことすらままならない、自分は罰が当たっているのではないとの確認　↓「不運」くじをひいた。

・定規をあてて仕上げたふきんや雑巾の作品　↓「オートクチュールの縫子さんにも恥じない仕事！」

突如、八歳時のある朝の思い出！

「貧しい中から母親が貯めたお金を握りしめ、自分と手を繋いで街の耳鼻科医院へと手を引いてくれている一緒に歩んだときの手の温もりを想い出した！」

（この時の母子の心中に去来するもの……）

気づいて叫ばれる。

↓

「私にはできることがある、たくさん、たくさん感謝して生きる！」

若い職員は労われ、仕事への自覚を増した。

それから、施設の中の人に会うようにと言われたのは、七〇歳に近い女性の方で、独身の方でしたけど、子どもの時から全く聞こえず、一八歳の時から中心性網膜萎縮症で二一歳のときに完全に失明され、その後いろいろなお仕事をされましたが、結局は施設に入っていらっしゃるという方でした。主訴は非常に孤立していて、みんなから偏屈者と言われ、見えなくて聞こえないんですけれども、這っていって階段を転げ落ちたとか、あるいは洗剤を飲んだりして何度も自殺をはかっているということでした。この人が建物の中に私のポスターが貼ってあるというのを聞いて、自分もその人に会ってみたいと言われたというのです。私に会ってみたいと言われたなら、その人は何かがおありだなと思ったんですけど、この人は、自分では聞こえないのですが、昔の覚えている声の出し方で大声で話されました。彼女の手のひらに、私はひらがなでお返事をするということでやり取りをしたのですけど、このときも限られた手のひらに意味を、きちんと伝える言葉って難しいなあって思いました。そういうやりとりをすると、彼女は結論として自分は本当に生きているに値しない、だけど死ぬことさえ自分でうまくいかない、何度も失敗してきた。本当に役に立たない自分だと思うと。この方は障害年金を全部親族の方にあげて、本当に慎ましい、ギリギリの生活をしていらっしゃったのですけど、そうやって償っているけれども、それでも不十分で自分はバチが当たっているんじゃないかと思う。バチが当たったので、本当に死んで償いたい、でも自殺もできないと言われたのです。

私は手のひらに「世の中にはなぜか不運というくじがあって、それはたまたま私が引いたかもしれないのをあなたが引かれて、そうして見えなくて聞こえないという状態になられた。それは全くあなたの落ち度ではない。だからあなたは人に代わって不運のくじを引かれたので、本当に私は今あなたに会って、改めて無事な自分が申し訳ないと思う。ぜひあなたは卑屈にならないで欲しい。そしてそんな中で生き抜いて他の人のことを考えておられる、そんな死ぬなんてこととんでもない」ということを夢中で彼女の手のひらに書きました。

そうしたら彼女は自分のつくった最後の作品というのを見せてくださったのです。見えないんですけれども、定規を当ててミシンできれいに刺し子のようにふきんとか雑巾を縫った品々なのですね。すごいと思います。私がこの雑巾、ふきんはオートクチュールの手縫いに比敵する仕事だと言ったので、彼女はびっくりしたような顔で私の書いた手のひらの文字を何度もなでて、突然「八歳の時のことを思い出した」と言って、貧しい農家の母親がなんとかお金を貯めて自分の手を引いて、まだ朝露で濡れている農道の道を、街の耳鼻科に連れて行ってなんとか聞こえる子どもにしようと思っている母親と二人で歩いている、あの時のことを思い出した。「私は聞こえるようにはならないんじゃないかなあと思いながら、でもお母さんが一生懸命小銭を貯めたことを嬉しいと思った。あの嬉しいという気持ちを今思い出した。私はただ死んだらそれでいい、というのではないと思いついた。あの時のお母さんの手の感じを、今、思い出した」っていうことを、大声で叫ぶようにおっしゃったのですね。私はびっくりして感動して一瞬黙っておりましたら、さらに大きな声で「私にはなんにもできないと思ったけれど、できることがある。これから死ぬまでたくさん感謝して生きる。若い職員が自分たちのような者を世話をすることは本当に辛いと思うのによくやっている。だから私は若い職員にたくさん感謝する。心の底から感謝するという、仕事をすると思えば、私は生きていていいんですね」と言われました。

八　自己や世界への強い不信感から、自分に相応した自立生活を見出したB君

【事例5】強い自己や世界への不信感から、自分の力に相応した自立生活を見出したB君とご両親

中学二年時さまざまな診断名が付され、居場所を家庭にも学校にもほとんどなくして来談。親は

治療・相談機関への強い不信感を持つ。

［出会い］箱庭の上を彷徨《さまよ》う手をとって、これはよいことをする手ね？」

一緒に砂と紙吹雪をあびる。「僕、魅力ある？」

母親の孤立感と怒りの緩和、秘されてきた出自の事情が語られる。

着手できる課題、それも楽しみのあるものから少しずつ。

［発達の状態］B君のレディネスに即応しながら、援助者のチームを形成、学校や医療との連携を再度取り戻すように計らう。

頑なであった父親がかかわり始める　↓　居場所感覚　↓　安定の萌し　↓　「僕には応援団が一杯いる」　↓　特別支援教育を受け入れる　↓　紆余曲折を経て食品製造業に就労　↓　応分の社会貢献　↓　一家は養護施設児童の精神里親となる。父親は発達障害児への理解を働きかける。

ある時、中学二年生の男子B君の受け持ちの女性の先生が、精神科の先生からお尋ねするようにと言われて来られました。黒縁のメガネをかけた本当に生真面目を絵に描いたような先生でしたけれども、大学ノートにびっしり毎日のB君の行動が書いてあって、一言でいうと、授業では物を壊し、友達にちょっかいは出し、そして時には衝動的にガラス窓に頭を突っ込むなどという危険極まりない行動をする。そういう時は大騒ぎで他の先生も駆けつけて、怪我をさせないように顔にタオルをかけて引き抜く。ご両親は大変社会的に恵まれた、地位も高く、学歴も高い高度な専門職についていらっしゃる方ですが、最近は子どもに関心を失っていて、相談してもなかなか埒《らち》があかない。小さいときから医療機関を転々としてきたとおっしゃるけど、本当に自分たちは困っている。彼がドアをがしゃんと閉めたことで怪我をした同級生の素直な女の子は、今病院に入院していま す。

ところが、自分が驚いたのは、その子のところにB君を連れて謝りに行ったところ、その女の子がぽつんと「B君は気の毒な人よね。B君は、本当は私の首をはさみたかったのではなかったのよね」とつぶやきました。その子は普段から勉強もできて、繊細なところのあるいい子でしたけれども、びっくりしましたと言われました。私はその先生もセンスのある方だなと思ったのです。このB君のやっていることは本当にとんでもないことですけど、でもその女の子はB君の中に、何かそうせざるを得ないB君というのを子どもながらに感じていたから、B君は本当は寂しいのよね、大変なのよねと言ったのではないか。ものすごくめちゃめちゃなことをしてますけど、人にちょっとそう言わしめるものを持っているB君も、普通に見ればそんなことは全然ないようですけど、何かまっとうになる要素があるのじゃないかなと思ったのです。

ご両親は体面を気にしてなかなか現実を承知されない。お母さんは「村瀬っていう人にとりあえず一回会ってください」と学校で言われてここに来た。でも埒が明かなかったら、どうせどこに行っても顔を合わせてだんだん悪くなるだけだから、一回だけ会いますと言われたのです、というのが担任の先生の言葉でした。

「この手は本当はいいことをする手なんだよね」

そのB君とお母さんに会いました。お母さんは上等な毛皮のコートをお召しになって、金縁の眼鏡のここに宝石がついていて、素敵でもあり、大変恵まれた方だということがわかったのですけど、彼はなんとなく汚れた学生服を着ていて、しかも驚いたことに、今どき珍しい、ワイシャツに首垢がついていて、それが真っ黒なのがぱっと見てわかったのです。私はそれを見ただけで、おうちやクラスで彼はどのように日々暮らしているか、対応されているかが想像できるような気がしました。ですが、それは申しませんで、自己紹介すると、彼は戸惑っている顔でしたが、「ここで少しでも何かいいことが見つかるといいけれども」と私は申しました。それを聞いた時にちょっと彼の表情が動いたのですけど、じーっと一瞬考えるような様子をしてから、いきなり箱庭のところに行って触ろうとしたのです。でも、震える手が動いても砂に触れないのですね。不定形なものに触れられないというのは、水とか砂とかこちらの意によって簡単に変わるようなものを、自分で自律的に上手に対象として遊ぶことができない。

それだけに深いところに不安というか欠損状態があると言われますけど、やはりそうなのかと思いました。でも彼は諦めないで、震える手が箱庭の砂の上をさまよっているので、ふと私はその手首を握って、「これは本当はいいことをする手なのよね」って言いました。人を傷つけたり、ものを壊したりじゃない。そうすると彼はすごくびっくりしたような顔をして、それから箱庭をするのはやめて、そばの棚の上にあった折り紙を細かくアラレのようにちぎって、いきなり頭からかぶりだしたのですね。なんていうんでしょう、大衆演劇の舞台で花形の役者に花吹雪が舞いますよね。あのような感じです。

いろいろな色の折り紙を細かくしたのを、彼は私の頭にもかけました。私も手にちぎった色紙を集めてかぶりだして、それを夢中に憑《つ》かれたように二人はしばらく続けたのです。

「僕、魅力があるの?」

それを見ていて、小さいときから、自閉症だとか、小児統合失調症だとか、行動や人格の障害が始まっているとか、いろいろなことを言われてきたのですけど、この紙吹雪をかぶっているというのは何なんだろう。それを何か私が見ているよりも、かぶるとどんな気持ちになるのか、一緒にちょっとやってみようと思って、私も床に落ちている砂混じりのちぎった色紙をかぶると、私がかぶりだしたら彼は余計なんか勢いづいてかぶりだして、おおよそ二五~三〇分くらい一生懸命二人でかぶっていたのです。当然、服の中にゴミも入りますし、ちょっと帰りの電車のことが思い浮かんだのですけど、そんなことを考えるより、とにかく一緒にやってみようと思ったのです。彼は紙吹雪を床に落とすといきなりじっと私を見て、「僕、魅力があるの？」と聞きました。本当に学力は1か2というのに、魅力という言葉を使ったので「ええ」と思い、そして何て答えようかとふと考え、こんなちょっとホコリにまみれている色紙を一生懸命長い時間かぶる、その一生懸命集中したっていうところに魅力を感じたと申しましたら、彼はなんとポカンとした顔をして、「僕、また会いたい」と言ったのです。

それも全く予想しないことでしたけど、カランとドアが開いて、お母さんが入っていらして、「お気づきになりませんでしたか？　私、どんなことが起こるかと思ってそーっと細くドアを開けて、一部始終を見ておりました。びっくりしました。この子と一緒にこんなものを頭からかぶって、村瀬先生は変わった方ですね。山手線の内側にこんな方がおられるのですね」と半ば驚き、半ばなんとも言えない顔でおっしゃる。「でもこの子が僕また来たいっていうのを聞いたのも、びっくりでした。だからしばらくお預けしてみます」と言われました。

母親の話

そしてさらに、「先生は変わった方なので、なんか私は不思議なんですけど、あのー」って言われて、「実はこの子は戸籍の上ではわからないように実子にしてありますけども、実の子どもではありません。けれど、そう思うととても負担になると思って、いろいろ考えて、わからないように東京を離れて、それでこの子を抱っこして戻ってきて、周囲には実際、地方へ行って出産したようにつくろいました。この子には非常に不幸な形で離婚の話が進んでいる、その子どもさんを私が実子にしたんです。こんなお話をするのは初めてです。でもさっきからの先生の様子を隙間から見ていたら、私はなんか話す気になってしまいました。今までこんなことは言わないで。数え切れないぐらいいろいろな病院や相談機関で、『あなたは知的で隙がない、冷たい、子どもの前でもっと態度を変えて』と決まって言われ、悪妻の典型のように言われましたけど」と話されて、実はそういう事情があるということを知りました。でもこの子が、とりあえず、三〇分これと思う紙をかぶることができた。これは題材を上手に選んで、次どういう活動をしていくかというふうに考えると、もっといい現実につながる行動を、中学一年ですけど、会得できるんじゃないか、と私はそこで考えたのです。

楽しみのあるものから少しずつ着手する

だいたいこういう状態の人は、力が破壊する方に向きますが、物を造るということにも向かうのではないか。本当に自分の力をコントロールすることができないようなので、まずは一緒に体を使うことだと思って、最初は滑り台を登って降りる遊び半分の競争をすると、彼は目的的に体を使うっていうことを少しわかったので、次は、卓球をやったのです。そうすると本当に不器用で、私のほうに球が入らないのです。これでは続かないとおもしろくなくなると思ったので、渾身のエネルギーを振り絞って、部屋中を走り回って、他の床に飛んだものでも必ずそこから彼のコートに球が返るようにすると、続くわけですね。続くのは楽しいので、彼も、じゃあ極力私のコートにちゃんと球が返るようにしなきゃというふうに、だんだん物事を、目的的に自分の力をコントロールする努力ができるようになってきました。

おもしろいもので、これが二カ月ぐらい経った時ですけど、先生から、この少年は教室の中で大声を上げて人の邪魔をするとか、人の椅子を引いたりしなくなり、不思議です、この子が座って、わからないでしょうけれども、でも授業を聞こうとする態度が出てきましたっていうお話がありました。また、彼もなかなかユーモアがあって、卓球で私と彼が同じラケットでは駄目だ、ラケットを作ろうと言い、私用のラケットを作ってくれたのです。それでベニヤを用意して、彼はこういうのがいいとデザインして、そうして出来た私のラケットはおしゃもじぐらいの大きさで、面が小さいのです。それで彼は普通のラケットです。私は見かけよりはちょっとは運動得意なんですが、だけどいくら得意でもおしゃもじではとっても無理で、そうすると彼は初めて勝つことができてとても機嫌がよくなり、そういった勢いから、少し文章を読むということができるようになってきました。

援助者のチームを形成する

それから、首垢がついていることがあったので、「本当はちゃんとお風呂に入っていないの」と聞くと、お手伝いさんが彼をバカにして、彼はいつも夕飯を一人で食べる。つまりぽつんと暮らしている。両親とはあまり交わりがないということがわかりました。私は家庭にまで入ってどういうことはできませんけども、美大を出た家庭教師がついていることがわかりました。「その家庭教師と少し連絡を取らせてください」とお母さんにお願いしました。彼は私と二人でまず卓球をやって、やりとり、ある種のルール、体を構成的に使うということが楽しくなってきて、それから物事をまとめて捉える、人にわかるように伝えるという行動もできかけていることを伝え、次の課題として彼は首垢がついていたり、爪の垢があるので、彼とボール遊びをして、おうちの人に僕は汗をかいたので恐縮ですけどシャワーを使わせてくださいと言って彼と一緒にシャワーを浴びて、体を清潔に洗う、爪を切るというような基本的生活習慣を教えてあげてと申しました。そういうふうな形で、彼はだんだんこざっぱりとなっていきました。

自分で文を書くというのは集中力がなくて無理そうだったのですけど、こう言いたいということをパソコンであれば、文章を少しずつ、パソコンが一挙に変換してくれて漢字が出てくるので、印刷すると自分がまっとうな文章を書いたというふうに見えます。それで彼は国語の勉強をする意欲が湧いてきたので、やさしい文章を少しずつパソコンを使って書いて、次は手で書いて、ということで、急に中学校の学力までとはいきませんけど、基本的な数と国語の力がある程度身に付いてきたのです。大学院生の人が一緒に、少しずつ数だとか文章とか、つまり基礎学力をある程度取り戻すということをやりました。

頑なであった父親が変わり始める

荒れた言動がかなり収まってきて、基本的生活習慣が身について来ますと、次に「自分とは？」ということを考え始め、それにつれて自分と両親はあまりにも違っている、と不思議に思いだしたようでした。次に述べますが、ご両親は絶対、実子であるというように貫きたい、そうでないと自分たちの最初の気持ちが消えてしまうような……、と言われたので、それを尊重し、ゼミ生やご両親の属するキリスト教会の青年会のメンバーにお願いして、彼にさまざまな見聞を広めたり、運動やボランティア活動、つまり体験世界を広げ、人とのつながりの中に入れて貰う経験を増やすようにしました。

また、彼と電話で短い会話の相手をするボランティアの成人のグループ（私の勤務大学の学長も！）を作り、電話での素直なやりとりを通してもずいぶん気持ちが落ち着き、いわゆる良識なるものが少しづつわかっていったようでした。やがて、彼は「僕にはたくさん応援団の人が居る、大丈夫……」と言い、出自についての疑問を口にしなくなり、両親との関係も自然に落ち着いていきました。

ある日、長年、子どもの養育には養育費以外は全くかかわらなかった父親が、私に面会を求め来談されました。「他人の方々がこれほど純粋に息子を精神的に健康に、そしていろいろな面での成長を親身になって増やさせようとかかわってくださっているのに、自分は体裁を考え、皆様任せにしてきて申し訳ない……。思春期、青年期を迎える男性の子どもにとって、私の出番です。父親として、大人になることについて、日々の生活を通して、時には男性同士の話をしたりして、彼なりのテンポで成人するのを助け、見守りたい……。自分の現実の生き方をしっかりと立て直し、責任と子どもを思いやるこころを持つのが本当のキリスト教信者だ、自分たち夫婦は何かを避けていたのです。幸運にも血液型も我が子と言える組み合わせです」と言われました。そういう次第で彼には本当の意味での親子の精神的絆が生まれ、育つことになりました。

お母さんも「もしこの子が何の職業も見つからなかったら、二人で一品料理、カレーライスだけだったら簡単だからできるので、屋台のようなものを開いて、この子にそれをさせよう」と考え、調理師の免許を取りに学校に通われました。今日は卵焼きの練習で卵を焼きすぎたと言って、私どもの研究所に卵焼きをいっぱい、持ってこられたりもしました。でもお母さんがそういうふうに変わられると、彼は、能力的には特別支援学級の延長の高校で普通高校は無理でしたけれども、しっかり登校し、その後いろんな職業を試した結果、無理はせず、ここで落ち着こうということで、自然食品を通信販売する会社に入りました。自然食品を広めることがいいというので、あまり無理をしないということで落ち着いて仕事が続くようになっています。

何十年か経って、偶然山手線で彼がダークスーツを着て、足を組んで日経新聞を読んでいたのですね。向こうが気がついて声をかけてきたら別ですけど、せっかくポーズを決めている彼に、そっとエールを送る気持ちで、声はかけなかったのですけど、頼もしくみえました。（日経新聞はポーズだとしても）お母さんは「落ち着いて暮らしています、夢のようです」とおっしゃり、本当にこのご両親も変わられたなあと感心いたします。この子に本当のことは言えないけれども、でも世の中にいろんな事情があるということを知ったと言って、児童養護施設で誰もつながる人がいなくて、夏休みも冬休みもずっと施設に残っているそういう子どもさんを、精神里親として夏冬一週間ずつうちに迎え入れるということをされています。このB君も妹ができたと言って、時々揉めることがあったようですけれども、当初からは随分成長し落ち着きました。

そういうことで、人というのは置かれた状況は違っていても、あるいは持っている障害や疾患は違っていても、その状況の中で自分のあり方に自尊心をもって、その人らしく生きていくということは可能ではないか、それを求めていきたいと思うようになりました。

表 17 「生きられた時間」の経験の持つ意味

1）内観療法，回想法における個人史の扱い方との比較。
2）想起される内容，素材は直近の楽しい思い出などより，子ども時代のもの・具体的で実感を伴うものが，より精神の賦活に意義が大きいと経験的に考えられる。
3）生きられた時間の経験は，さまざまな主訴・病態のクライエントに対して有効であり，その病態や問題に即応した治療技法の適用の基礎的土台となるものと経験上考えられる。

九 「生きられた時間」の経験の持つ意味

自分は自分らしく生きているかという、生きられた時間を持つことが大事だということです。過去をもう一度振り返って、そこで自分というものを取り戻す、生き直す、生まれ直すという回想法というのがございまして、やり方も決まっています。もちろんそれはそれでとても貴重ですけど、私は、柔軟にその人との話し合い、その人の状態、その人が今受け入れられることに応じて、今できることと、相手のことをその都度その都度考える。あまり形に当てはめないことのほうが、人の生きるという意味では自然で好ましく、その人が自分の状況を引き受けるためにも大事ではないかと考えています。勉強するときには、何々という授業、何々という技法を一応会得しようとはいたしますけれども、ただそれを応用して、個別に則して、その時その時その個人の個別の状態、事情に即応して、少し変形したりして使ったりしているところです。

おわりに

心理学のあらゆる分野の知見や技術を統合的に活用することで、根拠を持って人の可能性を見つけ、自立的・自律的でもありうる生き方へと進展させていく。能力が低く見える人でも、その人なりにできることがないわけではありませんから、それを見つけていく。どの人でもやはり、青木省三先生がよくおっしゃる言葉ですけど、人を人として遇する。私は、健康度の高い人は一つの方法を適応することで相応の解決をみることが多いですけれども、いろいろな意味で、資質に恵まれず、社会経済条件も厳しいこの正規分布のはしっこの方の人になるほど、いろいろなことをさまざまな角度から考えて、総合的にかかわらなければならないのが現実だと思います。かなり上手な学生オーケストラの人は総譜が読めて音も聞こえるそうですけど、新米の人は自分のところをひたすら一生懸命弾くと言われますが、私は本当に一部分を弾くのであっても、総譜が読めるような力を持ちたい、そして自分のパートを演奏する時は、今進行状況はどうかなということを考えながら、出すぎず引っ込みすぎず、みんなと調和をした中で仕事をしたいなというふうに思っています。

［インタビュー］

現実をみつめて

――多面的観察と多軸的思考――

村瀬嘉代子
黒木　俊秀
（九州大学大学院人間環境学研究院）

一　「出会い」と「教え」――問うこと・考えること

黒木　ＤＳＭ-Ⅲ以降、世界のメンタルヘルス領域の専門家の共通言語として、ＤＳＭは確固とした地位を築き、ＷＨＯの国際疾病分類ＩＣＤもそれに倣うようになりました。これらの基準に依拠した公的な診断名、いわゆる「〈心〉の病名」をどのように捉えるべきか、そして特に学生や若手臨床家たちが「〈心〉の病名」をどのように学び、日々の臨床に役立ててゆけばいいのか――これまでの仕事のことも踏まえて、ぜひ村瀬先生にご意見を伺いたいと考えています。

村瀬　「〈心〉の病名」というものを、単にクライエントの表層の理解にとどめるのではなく、クライエントの抱える現実を捉える媒介項としていくためには、相応の問いと考えの姿勢が求められます。まず、私にとっての「記憶に残る人・出来事」との出会いをお話ししながら、ご質問にお答えしてまいりたいと思います。

大学を卒業後、家庭裁判所調査官として働きはじめたのは、日本に家裁調査官制度が生まれて間もなくの頃でした。戦後復興には家族が要になるという発想から家庭裁判所が設立されたのに次いで、旧高遠藩当主で元子爵の内藤頼博判事が最高裁判所の家庭裁判所調査官研修所の初代所長となり、家庭裁判所調査官制度が始まったのは一九五七年のことです。この制度は、教育学・社会学・心理学を修めた専門家を集め、いわば司法機関のなかに行政的機能を生み出すといった性質を帯びていました。調査官の仕事は、成育歴、家族・社会・経済的環境、精神医学、身体医学を手がかりに、対象となる子どもの「事実」をトータルに捉え、その対応を考えるもので、調査官から提出された意見書を元に裁判官が判断し処分決定していくことになります。

私は五期生でしたが、全家裁調査官のうち、女性は確か五パーセントを切っていました。そういう時代でした。知的障害をもつ子どもを、単に生物学的因子のみから見るのではなく、成育歴なども勘案してその環境因を探りながら対応することもあれば、いわゆる「反社会的勢力」を出自とする子どもや家族を担当することもありました。身柄付き事件は、家庭裁判所に送致されてから二八日以内に処分決定をすると法により定められていて、今日であれば複数人が協同調査するような事案を一人で担当する（直属上司の指導を仰ぎつつ）など、新米調査官の私にとっては試練の日々でした。

調査官としてはじめて赴任した家庭裁判所で上司となった主任は、東大で心理学を専攻後、ガリオア資金でアメリカ留学された俊才でした。秋田で少年鑑別所所長を務めたものの、じかに、少年や家族、関連ある人々の心にふれる仕事をしたいと希望されて家庭裁判所主任調査官（降格を承知）として赴任された、今思えば独特な考えをお持ちの方でした。「自分は戯曲家になりたい、調査官は現実にふれて考える仕事だ」とおっしゃって、ことあるごとに言葉の重要性を説き、私にも小説ではなく戯曲を読むようにと勧められました。その主任は、調査官の報告書とはある種の戯曲のように読まれるものだとおっしゃって、『熱いトタン屋根の上の猫（Cat on a Hot Tin Roof)』といったテネシー・ウィリアムズやアーサー・ミラーの戯曲を英語の原書で読むよう勧められ、感想を求められました。それも日々の仕事に加えてのことでしたから、随分と難渋したのですが、今になって考えてみれば実に恵まれた教育環境でした。

北朝鮮帰国事業が行われており、赴任地が北朝鮮へ向かう船の出港地だったこともあって、印象に残る事件を担当したこともありました。親が帰国を決意しているものの自分にその意思はなく、犯罪に手を染めれば帰国せずに済むと考えた、ある少年の事件です。身構え強く、対応は容易ならざる少年でしたが、言い訳をせずにありのままの自分を以って相手を人として遇することで、たとえ今にも暴力を振るいそうな相手であっても、やがて素直に誠実に相対してくれることを経験しました。三年分位の仕事に相当するような一年間を過ごすなかで、さまざまな人と出会ってみずから研鑽を積むべくいかに努めるか――書記官、事務官、タイピスト、守衛さんなど……、それぞれの立場で「あの新人を一人前に育てよう」と心にかけてくださいました。人との出会いとその教えというものがいかに重要で有難いものであるかを感じていました。

黒木　人との出会いと教えの重みが伝わってくる逸話ですね。僕も「師」と呼べる何人かの先輩たちとの出会いがなければ、今の自分はなかったと思うことがあります。

村瀬　その地の大学の先輩のところにご挨拶に参りますと、玄関で失礼しようとしているところに、ご主人（元検事正で当時は弁護士会長）が通りかかられ、「子ども五人は巣立った、我家で同居するように」と勧められ、このような出会いで、このお言葉にわが耳を疑いました。ご夫婦の強いおすすめに困り果てて実家の父に相談したところ、お手伝いの方の仕事を妨げない程度に家事を手伝い、修業させていただくようにと言われ、貴重な人生勉強だと思い、お誘いをお受けすることにいたしました。元検事正の先生からは、徳田球一（注1）その他難事件、東西の文学書、時に世界経済のなかの日本、技術革新など、毎夕食後四〇分位お話を拝聴したあと、私に感想を求められるのが日課になり、緊張しながらも得難い経験をいたしました。

任官まもなくの研修生時代に一つ重い記憶があります。研修所ではさまざまな講義や実習のプログラム中に「投影法」もあり、文化人類学者かつ社会心理学者の我妻洋(注2)先生がご担当でした。先生は「他人を査定することは自分を覚知することが基本要因。これから皆さんは少年事件や家事事件当事者の査定をすることになるでしょう。その前に、まず自己覚知をすること、自分を識ることが必要です。そこで、これからＴＡＴ（Themotic Apperception Test：絵画統覚検査）を施行します。提示する七枚の各図版についてそれが挿絵となるような物語を創作し、提出された研修生それぞれ全員の物語、つまり反応内容を次回までに私が査定し、各研修生のパーソナリティの特徴を発表します……」と仰ったのです。

私は、自分にまつわる事実を自己覚知することは必要だとすぐ考えました。しかし本人自身がまだ自己覚知していない内面を、クラスが発足して一月足らずの今、クラス全員の前で告げられることの可否についてふと湧いた疑念を拭い去れず、さりとて、それを講師に質問することも躊躇され遂に研修生全員にそれぞれＴＡＴの図版七枚が手渡され、制限時間の中で、図版を元に物

（注1）徳田球一（とくだ・きゅういち）戦前から戦後初期に至る日本共産党の代表的活動家・初代書記長。
（注2）我妻洋（わがつま・ひろし）社会心理学者、文化人類学者。法学者・我妻榮の長男。主著に『自我の社会心理』（誠信書房、一九六四）、『社会心理学諸説案内』（一粒社、一九八一）、『家族の崩壊』（文藝春秋、一九八五）がある。

語を紡ぎ出す作業開始となりました。

限られた時間の中で、以下のような原則に則って物語を作れば、おそらく素のありのままの私は出ない、だから私自身は解釈されることにならないであろう、素の自分は出さない……（作話のために即席自作手引き――①物語の構成に際して、図版に相応しているが、ポピュラーな三文小説風で個性を感じさせないストーリーを作る、②物語の結末は一枚目「幸福」、二枚目「不幸」、三枚目「中庸」。以下この繰り返しでバランスあるように……）こうすれば、物語構成力は一応あるが、個性がはっきりしない、わかるようで、わからない、その人らしさが浮かばない……こういう解釈がなされるのではないかと……苦肉の策でした（物語作成中、こういう作為を施す自分に疑問と嫌気が湧きつつも、事実とは何か、それを手中にするときどういう配慮が要るのか……などなど、これは対人支援の仕事において本質的に問われていることだという気持ち、だから……という考えが絡みあっている名状しがたい問題意識に捕らわれていました……）。

次の講義の冒頭、我妻先生は「自分はこれまでに二〇〇〇名を超えるデータを解釈してきたが、どうしてもわからないデータがひとつある。自分には修行が足りないのかもしれないし、あるいはこのクラスに〈類まれな嘘つき〉がいるのかもしれない」とおっしゃって、講義の後、私がその張本人であることを先生に謝罪しました（本物になろうという真剣な努力を積んでこそ、技術を活かせる本物になるのだと実感しました）。ところが後日、「自分の父があなたに会いたがっている」と思いも寄らないお誘いを受け、ためらいながらも夏休みに我妻家の軽井沢の別荘へ伺うことになります。我妻洋先生のお父様というのが、「日本民法の父」と呼ばれた我妻榮先生です。(注3) 我妻洋先生の研究データ整理のお手伝いなどをしてその夏を過ごしたのですが、何より自分の研究を覆しかねない一生徒の無謀な試みを受け入れ、かつ形式は整っているが、自分自身の表現を避けたデータと見ぬかれた我妻洋先生の姿勢には感銘を受け、投影法は使用者の実力の真価を問うのだと納得しました。

二 「責任」と「覚悟」――〈心〉の病名と臨床的判断

黒木 村瀬先生は調査官時代、カリフォルニア大学バークレー校へ留学をされていますよね。当時のアメリカ西海岸はヒューマニスティック心理学の全盛期であり、カール・ロジャースやアブラハム・マズローらが華々しく活躍していました。僕も、彼らがしばしばセミナーを開いたヒューマンポテンシャル運動の聖地、エサレン研究所に参って感激した経験があります。アメリカ留学での経験はどのようなものだったのでしょうか?

（注3）我妻榮（わがつま・さかえ） 民法学者、法学博士、東京大学名誉教授。家族法大改正の立案担当者の一人であり「我妻民法」といわれる民法体系を構築。主著に『民法案内［1-10］』（一粒社、一九八一）、『民法［1-3］』（一粒社、二〇〇〇／有泉亨・川井健との共著）などがある。

村瀬　縁あって留学することになったバークレー校では、「キャンパス内に差別はない、しかしここから一歩出れば予期しないことはありえる、それがアメリカの現実だ」と再三にわたって伝えられていました。私が研修を受けたのは、アメリカ赤十字社のサンフランシスコ支社で、主に軍人家族のメンタルヘルスをケアする機関でした。研修では二〇代の軍人をパートナーにもつ、まだ一〇代だった若い女性の面接を担当したのですが、私が日本からの留学生だと知った彼女から、「あなたのような日本女性のせいで夫は駐屯地日本でかどわかされ、発症したのだ！」と言われ、強い攻撃性にさらされることもしばしばでした。

決して楽ではなかった研修の日々のなか、安易にテクニックを駆使しても受け入れられることはない、ゆえに何より「事実」に忠実であるに如くはない……そういったことを徐々に学ぶようになりました。同時に、他人にかかわる臨床という営みにおいては、つねに頭の片隅で「責任と覚悟」を考え、そして引き受けなくてはならないことも強く感じていました。これは言い換えると、責任が取れないとすれば自分の力量を超えていることを意味していて、もし自分の限界を超えたら次に進む方途を考えるべきであって、臨床においては根拠ある敏速で的確な判断を心がける、ということでもあります。事実、こういった姿勢を以って遇すれば、たとえ症状がきわめて重い方であっても、まるで何か息を吹き返すように通じる局面が生じるのではないでしょうか。

黒木　「〈心〉の病名」ということにも深く関わるお話ですね。まさにこの責任と覚悟があってこそ

「〈心〉の病名」は意味をもつと僕も常々考えてきました。特に病名告知という、告知をする者に大きな責任が伴う局面において象徴的なことだと思います。

村瀬　ええ、おっしゃる通りですね。生物学的因子が明確なある種の身体疾患とは異なり、精神疾患には、その原因が複合的で一元化できないという特徴がありますね。たしかに、ある個人をひとつの「病名」という枠に分類することはできるでしょうし、「病名」はある現象の共通理解のためには必要だと思います。ですが、そのうえで改めて「目の前の人はどのように在るのか、いかなる生活を送っているのか」をよく見ていかなければ、「病名」というものが本来の意味で活かされることはないように思います。

もちろん、個人だけを見ていればいいわけではありません。たとえば海辺で何もせずに一日過ごしている人を、近親者たちが支えていく社会もあるのでしょうけれど、近代文明社会のなかでは受け入れられ難い。つまり臨床においては、文明の進歩によって生じた矛盾に対してバランスを取り、それぞれの存在の意義を認め、人間らしい分かち合いを実現することが重要になってきます。ですが、ひとたび「欲」というものが生じると、弱い立場にある人たちや「生産性」の低いものが切り捨てられていくのも事実です……このような「欲」に抗いながら、さまざまな矛盾に対してバランスを取っていくことは、臨床はもちろんのこと、それに限らず現代社会のひとつの課題とは言えないでしょうか。

黒木　ご指摘の通りだと思います。このバランス感覚こそが臨床において重要になってくるわけですね。ところが、医師や看護師の教育研修と比較して、心理職の場合にはトレーニングにおいても臨床においても、バランスを取りながら評価するのが難しい側面もあるのかもしれません。心理職によるアセスメントは、支援される側に立って個別支援（心理療法）へ導くための要因を評価する点において、普遍的な意味合いのある精神科診断とは異なると考えられる傾向があります。ですが、心理職に限らず対人支援職が支援される側に立って考えるのは当然のことですし、殊に支援においては、さまざまな視点に立って支援対象を検討することが必要ではないでしょうか。

村瀬　職種は違えど臨床の基本というものを、私はこう考えています——多面的に観察すること、多軸で考えること、それらを踏まえて全体とのバランスから優先順位を考えること。そしてこのことは、たとえ医師と同じトレーニングを受けていなくても実践できるはずです。アセスメントや支援において、社会の現実を支えているのは法や経済であることを忘れ、ただクライエントの心理だけに目を向けて考えようとすることは、譬《たと》えるなら、地続きになった広大な大陸ではなく、何かひとつの小さな「浮島」を語ることに等しいと、私には思えてならないのです……。

三　ジェネラリストであること——心は生活に宿る

黒木　ここまでのお話は、「ジェネラリストであるとはいかなることとか」という問いに対する答えでもありますね。改めて、ジェネラリストでありながら、同時に「心」というものをどう考えることができるとお考えでしょうか？

村瀬　「心」は見えないもの・触れられないもので、自分をどう捉えているか、物・事に対してどのような態度を取っているのか、その現れが「心」というものの本質を形作っているわけですね。人の二四時間の生活の仕方が「心」には具象的に表れていて、生活が個人のパーソナリティを形作っているとも言えましょうか。「生活」はそれほど大事な要ですから、わたしたち支援者は、二四時間のその人の全体を思い浮かべて行動特性を捉えていく必要があります。かつて、ある大学の講義でこの話をしたところ、学生から「現実と理論は相互に循環してこそ意味があるとわかった」という感想が寄せられたこともありました。

黒木　おっしゃる通り、「心」というものの捉え方には同感いたします。医師の立場からすれば、「生活」すなわち個々人の「身体」があって「心」があると考えることは半ば常識ですが、臨床心理学の一部に、身体や生活の基盤なき「心」、あるいはスピリチュアルなものを措定し、「心」だけを取り出して捉えようとする傾向があるのではないかと気になっていました。

もちろんわが国の精神医学も迷走してきました。一九六〇年代から七〇年代にかけて、いわゆる「政治の季節」を経て、日本精神神経学会が十分な機能を果たせなくなり、長期にわたって学界の権威の弱体化を招きます。そして、かつてはカール・ヤスパースに代表されるドイツ精神病理学がスタンダードだったなか、一九八〇年代以降、ＤＳＭ‐Ⅲの登場によって大きな変革が徐々に生まれることになりました。しかし、この過渡期は同時に、土居健郎先生、中井久夫先生、神田橋條治先生といった、自由な発想の精神科医の登場を演出する土壌にもなるわけですね。わが国固有の治療文化や生活信条と欧米の力動精神医学の思想とが巧みにブレンドされ、唯一無二の芳ばしい香りを放ったのも八〇年代でした。同じ頃、日本人の感性に適した心理療法を探求していた河合隼雄先生らの動きとも共鳴し、わが国の臨床心理学の発展にも大いに寄与したと思います。

村瀬　当時、土居健郎先生は事例研究を主とした自主ゼミを主宰され、「事例を発表して批判されないのは中井久夫先生くらいだった」……という厳しさで知られていました。土居先生はこの土居ゼミで事例を発表され、みずから「失敗事例」を提示する、度量の広さをお持ちでいらっしゃいました。土居先生からこの土居ゼミのほか、折に触れて教えを受け、また家庭裁判所調査官として働きながら、「心」だけを見ていてはとても仕事にならないと、私は常々考えてまいりました。

そのことを痛感させられる経験をいたしました。一九八一年、離婚については夫婦双方合意しているが、二人の幼い子どもの親権の帰趨を双方が主張して譲らず、両親の何れが親として適切かという問いは法律問題より、本質的に心理学的問題であると裁判所は判断され、突如、私が鑑定人を拝命することになったのです。

この種の鑑定の前例は我が国にはなく、その任に耐える力量なしと辞退しましたが、周囲から奨められ謹んでお受けしました。

私の作業は三カ月の間に調査方法は目的に照らして自由に工夫、選択するように任されておりました。夫婦双方、高名な弁護人を依頼されていましたが、率直に申して、双方の弁護人は鑑定書を的確に読み込み、参考文献も数多く渉猟して「事実」の正確な理解に努めて出廷されており、同様に担当裁判官もこの問題について慎重にかつ深い理解を持って臨んでいらっしゃいました。

長きにわたる審議の結果、母親が親権者にふさわしいという判決が下される見込みとなったのですが、この母親は思わぬ変容を遂げることになります。みずから強く望んでいたはずの勝訴がほぼ予想されたにもかかわらず、この係争、ひいてはみずからが招いた子どもへの悪しき影響を顧みて、告訴当初からの強い主訴を変容させ、この時、夫も抗争の行方にほとんど向けていた精神的エネルギーを自分たちの二人の子どもの今後の幸福を考えることに向けるようになりました。二人いた子どもを一人ずつ、それぞれの親が引き取って育てることを希望される形で決着します。もし私が「事実」ではなく「心」だけを見ていたら、鑑定は暗礁に乗り上げていたでしょうし、母親がこの異例の意思表明をすることもなかったかもしれません。

この民事裁判を担当した後、裁判官から質の良い鑑定書も出揃ったスリリングな裁判だったという感想も頂戴いたしました。このときの経験から、法律の専門家のほうが心理の専門家以上に人の「心」というものを知悉されているのかもしれない……私はそう考えるようになりました。実際、父親と母親、そして子どもたちの置かれた現実をみつめながら、決して「心」に偏ることなく記した鑑定書から、裁判官は「心」というものをいみじくも見て取られたわけですから。

また、私が主宰する勉強会に出席していたある建築家から、設計をする前に家族全員に一堂に会してもらい、自由に話しあう様子をみて、クライエントから生活のことを聞き取り、どのような暮らしを希望しているのかを把握し、それに適した建築を想像してから設計を始めると伺いました。彼もまた建築家でありながら、法律の専門家と同様、ある意味では心理職以上に「心」というものの本質を捉えているのではないかと考えさせられます。

これから心理職は、広く人にかかわる職種の方々と、これまで以上に深くかかわってその姿勢に学んでいく必要があるのでしょう。他職種の方と話せる知識と言葉、そしてそのための資質や姿勢を備えていくことが、やがてはジェネラルアーツの涵養へと通じるのではないでしょうか。

黒木　今でこそ「学際性（multidisciplinary）」という言葉で語られることを、村瀬先生は半世紀も前から実践されていたのですね。「心」というもの、「病名」というものをどのように捉えるか、そして臨床実践においてジェネラリストとして在るとはいかなることか――「〈心〉の病名を問う」というテーマとそこから派生する問いを巡る、貴重で得難いお話を伺うことができました。

今日はありがとうございました。

［二〇二一年一一月二五日／Zoomにて収録］

この対談は、「臨床心理学第二二巻第一号　特集〈心〉の病名を問う」に収録されたものである。

［対談］〈怒り〉はささやく

義《ただ》しさとバランス感覚を基底にして

村瀬嘉代子
橋本　和明
（国際医療福祉大学大学院医療福祉学研究科）

橋本　今回のテーマである「怒り」は、臨床心理学のなかで最も論じられることの多いテーマのひとつです。「怒り」をどのように抑えるのか、そしてどのようにコントロールするのか、これはたとえば「アンガーマネジメント」というアプローチとして確立され、多くの実践や研究が重ねられています。一方で「怒り」には、単に制御する対象というだけではない、何か人間の本質のようなものが垣間見える側面もあるように思います。わたしたちはこのような「怒り」のさまざまな表情をどう捉え、そしてどのように「怒り」に向き合っていくべきか、さまざまな角度から論じてみたいと考えています。

一　「瞬発的な怒り」と「普遍的な怒り」

村瀬　一口に怒りと言ってもいろいろなレベルがあると思います。たとえば、職場で他人や仕事への配慮が足りない人に思わず怒りを覚えることがあったとして、そこで怒りをあらわにしても、それで物事が解決に至ることはありませんでしょう?

世の中にはひどく興奮して怒る方がたくさんいらっしゃいますけれど、怒っても希望通りに事態が変わることはほとんどなく、迂遠であっても、感情的にならずに相応の手順を踏んで事を運ぶほうが順当のように思われます。それに、生きていれば必然的に、不愉快な感情を抱くことは少なくありません。だからこそ、ささやかなことにでも喜びを感じられるのではないかと思います。

ただ、こんなふうに日常の対人場面で生じる怒りとは違って、人間というものに共通する「普遍的な怒り」のようなものがあるように思います。「モーゼの十戒」をご存じでしょうか?　これからの話の参考になると思いますので、ご紹介してみましょう。

(1) 主が唯一の神であること

（2）偶像を作ってはならないこと（偶像崇拝の禁止）
（3）神の名をみだりに唱えてはならないこと
（4）安息日を守ること
（5）父母を敬うこと
（6）殺人をしてはいけないこと（汝、殺す勿れ）
（7）姦淫をしてはいけないこと
（8）盗んではいけないこと（汝、盗む勿れ）
（9）隣人について偽証（注1）してはいけないこと
（10）隣人の家や財産をむさぼってはいけないこと

このうち（1）～（5）はユダヤ＝キリスト教信徒たちに固有の戒律ですが、（6）～（10）はあってはならないこと、言ってみれば時代や文化を超えて人類に共通する禁忌であり、ある種の普遍性をもった怒りが刻み込まれています。この禁忌が破られたら怒りを覚えるのは、ある意味では健全なことでしょう。ですから怒りというものは、どのような対象に向けられるのかによって質

（注1）「偽証」という訳語は、「偽りの証言」だけでなく、詐欺や他者に不利益をもたらすことも意味する。

と量が変わり、これを踏まえてこそ本質を捉えることができるのではないでしょうか。

橋本　どれもこれも十把ひとからげに捉えてしまっては、一つひとつの怒りの底にある、より重要な本質が見えてこないということですね。

村瀬　そうですね。人には絶対に犯してはならないもの、自尊心や人としての尊厳を保つために守るべきものがあり、他方では、激するに値しない、ほんの小さな出来事があります。当然、そのときに発露される怒りも変わってきますから、怒りというものは対象によって形を変える非常に広い概念だと私は思っているのです。

橋本　モーゼの十戒の（6）～（10）には、人間として根源的な怒りが投影されていて、人に必要なエネルギーを持たせてくれる面もあると言えるかもしれませんね。

村瀬　ええ、そう思います。まずはそれを意識することが大切で、過ちを見極める適正な判断も必要になってくるでしょうね。それは、自らの不快な感情にとらわれて悪感情をあらわにするような、誰のためにもならない怒りの発現とは、少し様相が異なるのではないでしょうか。

二　戦争の時間、あるいは奥底に封じられたもの

橋本　先生がこのようなことを感じられ、考えられたきっかけのようなことが、過去にあったのでしょうか。

村瀬　世の中では正しいことを口にするのが実は礼を失すると知ったのが、小学校に入る前でした。幼い頃から身体が弱かった私は、幼稚園には通わず、家のなかで大人たちに囲まれて過ごしていました。家にあった子ども用の本はすぐに読み終えてしまって、大人たちの読む新聞や、世界文学全集、日本文学全集（当時、これらにはルビがふられていた）を、わからないところもありながら読んでいるような子どもでした。そのなかで少しずつ気づいたのは、この世は、子どもの絵本のような勧善懲悪の世界などではなく、不条理や不公平が渦巻いていて、真面目に働いても報われない人や虐げられる人々がいるという、峻厳というか残酷な事実でした。

その頃、親に連れられてよその御宅へ伺いますと、破格の歓待を受け、皆が気遣ってくださることを、そこはかとなく感じておりました。そのとき決まって私は、私自身の持てるものがそうさせているのではない、親の存在、さらにはその社会的立場ゆえのことだと、子ども心にも悟っていました。自らの行ったことによらず大切にされ、どこか私をとても気遣ってくださるような気配さえ感じ、私はいつも戸惑い、後ろめたい思い、居心地の悪さを覚えていました。

橋本　幼い頃から物事の本質を見つめるところがあったということですね。成長されてからはいかがでしたか？

村瀬　ほどなく第二次世界大戦が始まり、家族と離れてひとり疎開して日々を過ごすなか、かつて思っていたことを再確認するようになりました。あの当時は、正しいことがそれと認められない現実があり、それとは対照的に、学校の教科書や子ども向けの本には、希望を失わせないように、現実を覆い隠すように、美しい光の部分ばかりが強調されていた……こんな情景をまざまざと見せつけられ、幼心に何か現実というものを得心していたように思います。だからといって真実を隠したり現実に媚びへつらったりするのではなく、静かに穏やかに、自分なりに考えられることを大事にしたいと思っていました。

その後、戦況は徐々に深刻になり、倹約生活がますます強化され、疎開先では、東京に暮らす家族との連絡もままならない混乱の渦中に放り込まれていきました。その頃ふと、日本兵に侵略されて住処を失った他国の子どもたちは、私などより恐ろしい思いをしているはずだと、考えることがありました。ですが、仮にこんなことを口外しようものなら、非国民と言われ、私だけでなく世話をしてくれている祖父母や叔母、使用人の人たちも罰せられるに違いないと考え、ただ黙って心を痛めるばかりの時を過ごしていました。

それから時を経て日本は終戦を迎え、それまでとは打って変わって民主主義とアメリカ文化の礼讃が始まり、学校では昨日まで大事にしていた教科書の文字に墨を塗ることを命じられ、名状しがたい気持ちに苛まれていました。これら外の変化に違和感を持ちながら、それにどう向き合えばよいのか、あのときの私にはわかりませんでした

……ただ、本心の通りに振る舞うのは適切ではないし適応的でもない、すべからく生きると

は、矛盾と不条理のさなかにあって、ささやかでも自分が正しいと思うことを忘れずにいることだと片隅に思い、東京に暮らす家族と再会できる日を心の支えに暮らす日々でした。戦況を見聞きするなかで、日本が勝利することはないだろうと幼心に思いながら、ただ黙っているしかないことの悲しみ、真実を語れない苦しさ、そしてそのような状況に甘んじるほかなく不甲斐ない自分への〈怒り〉と不安を抱き、心が引き裂かれるような日々でもありました。あの頃の私を癒してくれたのは、音楽、美術、文学、それによく手入れされた田畑での作業（収穫のお手伝い）といったものでした。それらにふれながら、この世に残された善いもの・尊いものに、どこか開かれていたのかもしれません。

三　怒りと誠実に向き合い、責任を持つこと

橋本　先生と違って、僕なんかは怒りの対象がいろいろなところにあってすぐ怒ってしまうところがあります。そうした違いは、どこから生まれるものでしょうか？

村瀬　私の怒りは小学生の時分から変わっていなくて、突き詰めていくと、末子で甘えている、ですがそのことを自覚していながらも容易に修正できない自分自身に向けられているところがあります。それでいて、怒りが向けられる自分とそれを観察している自分とが不思議と共存している。つまり、そういった疑問や批判精神が少しばかりある自分と、それを徹底できない自分とが

いて、どこか一貫しない部分があると、今日に到るまで考えてきました。

　こんなふうに自分自身に怒りを向けるようになった、ある出来事を思い出します。あれは、そうですね、小学校四年生のとき、中里恒子の『生きる土地』(注2)という小説に出会い、まるで雷に打たれたような衝撃を受けたときのことです。生きていくことには責任があると強く私に気づかせてくれた小説でした。中里恒子の作品は、一見、気負わずにバランス感覚があり、普通の幸せな中流階級の女性を描いた小説に読めるかもしれません。ただその核心では自立を志向している――そのことに、子どもながらに衝撃を受けたのです。

　私は子どもの頃、皆から大切にされて甘やかされ、少々ぼんやりとしていましたから、将来この小説の主人公のようにはなれないだろうとも思っていました。今ある姿のように育った自分にどこかで恥じ入りつつ、さりとて急に変えていく勇気も湧かないまま、この思いを誰にも打ち明けられず、一人そっと自問しているなかで、先ほども申し上げた自分自身に対する怒りが湧いてきました。この主人公の女性のようになるには、自分の疑問や怒りに誠実であること、それらがどれほど正しい理由から生じているのかという由来を理解すること、そして自分の言動への責任を自分一人で負う覚悟が要るのでしょうね。ところが言うは易し、行うは難し、これが難しいところです……。

橋本　怒りに誠実であるとともに、その責任を負うということですね……もう少しそのあたりをお話しいただけませんか？

村瀬　責任ということを考えるようになった、もうひとつ別の出来事もございました。あるとき、生家に物乞いの人が訪ねてきて、たまたま応対した私は気の毒に思い、祖母からもらった白銅のお金をお役に立つならと手渡しました。その人は喜んで門を後にしたのですが、そのあと、お手伝いさんに厳しくきちっと注意されました。「自分の働きで得ていないものを、ただ人にあげることは間違っています。あなたは善いことをしたと思っているかもしれないけれど、それは本当に責任を取れる行いでしょうか。本当の意味で責任の取れないことをするのは、人として正しいと私は思いません」と、彼女は私に言葉をかけました。彼女は続けて、「今のことの意味をおわかりですね。おわかりなら、今日のことは、お母さまにも誰にもお伝えしません」と言ってくれました。奉公先の子どもである私に対しても臆せず人の理を説いた、極めて見識のある人だと思われませんか？

橋本　しっかりされたお手伝いさんですね。

村瀬　母の教えもあって、わが家のお手伝いさんたちはみんな聡明でしたね。

（注2）女性初の芥川賞受賞小説。ある令嬢はお似合いの出自のよい俊才と婚約が整い、皆に祝福されるが、婚約者の男性が急病で亡くなってしまう。令嬢は悲嘆に暮れながらも今までの自分の生き方を省み、自分自身の存在を引き受けることについて――立派な男性の妻になるほかに人間として何があるか――考え始める。

先ほどの物乞いの人は、私と同じぐらいの歳の子どもを連れていましたが、一軒一軒回っても蔑《さげす》まれるばかりで、何ももらえないことのほうがずっと多かったでしょう。「あの子と私はどうしてこんなにも違うのだろう」と、私は疑問に思い、立ち止まってしまいました。それに、我が家を訪ねてくるお客様たちは、父に対しては恭しい態度を取りますし、子どもの私にも相応の敬意を払ってくださいましたから、私の疑問は深まるばかりでした。

やがて私なりにひとつの答えにたどりつきました。お客様たちは自分を軽んじないでいてくれる、でも物乞いの子は全く異なる境遇にある、そしてこの違いは決して自分自身の価値がもたらしたものではないということ――それは私にとって実に寂しい事実でした。さらに、物乞いをする親子に、自分が使う当てもなかったお金をあげたことは、彼らのためを思ってというより、どこか納得のいかない自分の寂しさを慰撫する意味もあったのだと気づかされて、また一層憂鬱な罪意識にも似た思いに囚われました……。

橋本　周りから見られている像としての自分と本当の自分が違っているということを、ずっと考えていらっしゃったのですね。そんななかで、空虚感あるいは孤独感みたいなものが生まれる――それは怒りとも言えるのでしょうか。

村瀬　そうですね……怒りというよりは、負い目のようなものでしょうか。私はたまたま生活に苦労することのない家に生まれましたが、世の中には親子で物乞いをする人もいる。どうしてこんなにも違っているのだろう、世の中の人々がみな平等ならいいのに……そこに言いようのない負い目を感じていました。

橋本　先生の抱えていた違和感、空虚感、孤独感みたいなものがよく伝わってくるお話です。それでもお話のなかに力強さみたいなものも感じます。これはもしかすると、先生のお母さまの影響が強いのではないでしょうか。

村瀬　母にはよく、「あなたが感じたり、考えていることは正しい。けれど、そのまま言葉にしても世の中では通らないことがある」と教えられていました。特高（特別高等警察）の人たちが往来にいる時代でしたから、滅多なことを言えば連れていかれて尋問されることもあった時代です。

橋本　特にそんな時代ですから、普通の親だったら「そんなことを言ってはいけない」と、頭から抑えつけて終わるところだと思います。

村瀬　「口をつぐみなさい」とは言われず、「所と相手を考えなさい」というのが母からの教えでした。でも、それが難しいのですよね。ひとつ間違えれば大変なことになり、誰かを怒らせてしまうことだってあるのですから。その教えのこともあって、子どもの頃から、なるべく無駄なことは言わないように控えて過ごしていたように思います。

橋本　先生の幼少期の体験に基づいた原点として、何か違うと疑問に思っていても自分のなかに抱えられる、持ちこたえられるというところがあるのですね。ここまでのお話から学ぶべきは、そうした疑問や怒りをいかに抱えるかというところだと思いました。

ただ、こうしたことは今の社会では難しいものとされていて、マネジメントする対象になっていると思います。怒りをコントロールする、あるいは効果的に怒りを表現するといったことを目的とした、アンガーマネジメントというアプローチもありますよね。しかし、そうではなくて、抱えるという意味を考えていくことに重要なポイントがありそうですね。先生のお母さまは、不条理さとは何かということをわかっていたような気がします。また、自分で怒りを抱えられなくなってしまったときに、他の誰かが代わりに抱えるということもあったのかもしれませんね。

四　義《ただ》しき怒り――抱えこむ果てに

橋本　冒頭、間違ったものに対してあるべき普遍的な怒りについてのお話がありました。そうした場合には、やはり怒りとして出していくことも必要でしょうか。

村瀬　ひとつ、私が怒りを持ちこたえられなかったときのことをお話ししましょう。第二次世界大戦に敗れ、日本が経済的にも混迷を極めていた頃のことです。当時通っていた地方の公立中学校の校舎は、使われなくなった病棟を利用した建物で、とにかく物資不足の時代でした。若い先生方は東京の大学を卒業されていましたが、食べ物や物資が不足している東京を離れて、それぞれの郷里で暮らせるようにと教員採用試験を受けていらしたのです。

私の通った中学校には、若い独身の数学の男性教師がいらして、ほとんど毎朝のように、宿題を終えてこなかった——怠けているというより、問題が解けなかったようですけれど——男子生徒数人を教卓の前に立たせて、木製バットを力いっぱい上から振りかぶって叩いていました。鈍い音が響いて、きっととても痛かったでしょう、泣き出す男子生徒もいましたが、泣けば先生を余計に怒らせるので、殴られた男の子たちは口をへの字に曲げて我慢していました。私は毎日のようにその光景を見ながら、殴ってものがわかるようになったり勉強が好きになるのだったら、教育なんていらないじゃないかと思っていました。なにより、いくら木製とはいえ、当たりどころが悪ければ取り返しのつかないことになるかもしれないのに、先生はなぜ自分がされている行為の意味を考えられないのだろうと、私は不思議で、納得がいかず、いや心配で仕方がなかった……。

先生に「やめてください」と言っても無駄だろうし、下手をすれば自分も殴られてしまうかもしれない——ですから私は口出しする代わりに、少し早めに学校に行って、同級生の男子たちに宿題を写させてあげることを考えついたのです。ですがその先生は、「おまえたちにこの問題が解けるはずがない」と言って、どうやって問題を解いたのか問い詰めはじめました。男子生徒たちは、私のことを告げ口することはなく、私は自分から名乗り出てすべて白状したところ、「そんなことをするのはここの生徒じゃない！」と言って、私を彼らと同じように殴ったのですね……今日までの人生で、他者から殴られたのはそれが最初で最後でした……よく漫画で、殴られた人の目の前に星がチカチカ光るというのがありますよね。ああ、あれは本当なのだって……（苦笑）。

橋本　先生が殴られたのですか⁉　木製バットで？

村瀬　そう！　目の前が暗くなって、星がピカピカっとして、頭のなかで電気がビリビリっときました。漫画本の絵は事実だと納得でした（苦笑）。

結局、彼らの宿題を手伝っても解決しなかったし、他の先生に相談しても真剣に取り合ってもらえる保証もない。そこで私は、先生が「世の中は広くて深い……」としみじみ感じてくだされば事態が変わるのではないかと思い、ひとつ考えついたことを実行することにしました。暴力も大声も人を馬鹿にするような言葉も使わない方法で、相手を降参させなくては、そのためにはきっと自分にも努力が必要だろうと……中学一年生の考えですから、正しいかどうか自信はもてなかったけれど、誰にも相談せず、考えたことを一人きりで実行することにしました。

私が考えたのは、数学の難しい問題で先生に勝負を挑むという方法でした。当時、私は「数学クラブ」に入っていて、ちょうどその先生が顧問でしたから。その日から、一番上の姉の算数のノートやその他参考書を見て、来たる日に備えて勉強を続けました。そしていよいよ学年も終わりに近づく頃、ある日の「数学クラブ」の時間に、先生に「同じ数学の問題を、私と一緒に解いてくださいませんか？」と申し出ることにしました。私も十分に準備をしてきたとはいえ、先生より早く解ける自信はなかったのですが、なんと先生より早く解くことができたのです。解き終わって先生の横顔を見ると、すーっと顔を紅潮させて……そして突然、黒板消しで問題を急いで消され、「今日の数学クラブはこれで終わりにする！」と、教室を足早に後にされました。

橋本　村瀬先生の作戦が成功したのですね！

村瀬　そうですね。

五　本質が宿る場所――普通のことを普通に考える

村瀬　でも、この話には後日談があって……その数学の先生は仲の良い男の先生たちに話されたようで、まるで三つ子のように仲の良い三人の先生たちから、意趣返しのようなことをされるようになりました。私はそれまで素行が悪いと指摘されることはありませんでしたが、事あるごとに難癖をつけられるようになりました。たとえば、テスト用紙の氏名欄に書くルビが枠から少しはみ出しているという理由で減点されたり（私の旧姓が礒貝で、貝という字が礒より小さめなのが誤りだと……）。

橋本　それはもはや嫌がらせですね……。

村瀬　挙句の果てに、「この学校にいる限り百点はないと思いなさい」とまで言われました。私は別に百点が取れなくても構わないと、誰に相談することもなく、今まで通り淡々と大人しく過ごしていました。それでも、ひとつ変わったことと言えば、どちらかというと優等生だった私にも、問題児と呼ばれる同級生たちが非常に仲良くしてくれるようになったことでした。

さらにその後日談になりますが、中学二年生の半ば頃、その三人の先生が我が家にお越しになりました。隣の部屋にいると、何やら母との話し声が聞こえてきて、私を県庁所在地の国立大学付属中学・高校——当時、その地方の優秀な生徒が集まる有名な学校でした——に通わせるように、下宿先を探すように勧めていらしたのです。私はその学校に行きたいとも思わないし、一人で下宿なんて考えてもみませんでしたから、どうしたものかと困っていたのですが、母からの返事はこういったものでした——「わざわざご心配くださって、ここまでいらしてくださったことは、本当にありがたく思います。仮にあの子が大学付属校に転校できたとして、勉強のできる子だと世間は思ってくださることでしょう。私はあの子が人より格段にできることを望んでいません。ただ、普通のことを普通に理解できるような、そして人様と分かち合えるような人間に育ってほしいと思っています。それにまだ行き届かないところがたくさんある子ですから、下宿先の人様の家ではなく、親元で教えなければならないこともございます。そういうことを教えるのは案外難しいものでございます」。

先生方はそれでも喰い下がって転校を勧めていらっしゃいましたが、母は毅然として穏やかな態度で考えを変えようとはしませんでした。母は厳しすぎて時々窮屈だと思うこともありましたが、このときの先生方への答えには納得しました。

橋本　非常によいお話ですね。先生は幼少期から、周囲にある物事に対して事実や本質とは違うのではないかと疑問を持たれることが度々あり、そう思っていても言葉に出しづらいという思いもあって、ご自身のなかにずっと抱えていた。でもご両親はそのことをよくわかっていて、世の中に対する見方や考え方について、先生にとっての信念のようなものがあることを理解してくれていたように思います。また、そういうふうに育てていらしたところもあったのでしょう。この対談のテーマである怒りということを考えたときにも、単に目先のことで怒るよりも、そこにある本質みたいなところをいかに見ていくか、そのためにいかに怒りを抱えるか、というところが大事だということがわかります。

村瀬　おっしゃるように、怒りというものは生きていく原動力にもなると私は考えております。怒りをもたらす不条理が、ある一定の閾を超えて世に溢れてしまったら大変なことで、そうなったらもう怒りを消すことは容易ではないでしょう。ですが、それでも、その怒りの底にある本質を見据えることはできるのではないでしょうか。これは人から教えられるものではないかもしれません。自分の言動に責任を持って考えていくこと――その先に自ずと見えてくる怒りの処し方のようなものかもしれませんね。

橋本　物事を動かしていくことを見つめていくということですね。お母さまがおっしゃったように、「普通のことを普通に考える」というところに何か本質みたいなものが見え隠れしていると思います。逆に特別なものを求めてしまっては、普通である本質が見えてこない。そんなことを教えられた気がします。

六　ポジティブなものへの変質——怒りの共有、物語、詩

村瀬　ここまで幾つかの出来事も交えてお話ししてきたように、怒りというのはどうしても生まれてしまう、避けがたい人間の宿痾のようなものと言えるかもしれません。しかし、だからといって「やられたらやりかえせ」とばかりに、カウンターパンチのごとく怒りをそのまま外に表出しても事態は好転しない。怒りに駆られたときこそ、少し落ち着いて物事を考えてみる、エンパシーと敬意を持ってくれる人を見つける、そういったことが必要になりますね。怒りを以って怒りに対処する方法が、長続きすることはありませんし、何より人間関係はますます停滞していきます。このシンプルな原理を諒解しなければ、怒りの連鎖を免れることは難しいでしょうね。そして、自ずと生まれてくる怒りというものを、自分のなかでよりポジティブなエネルギーに作り変えていくこと——それが生きていくうえでの基本となるのではないでしょうか。

橋本　ずっと歴史を見ていくと、怒りを大勢で共有して抱えることで持ちこたえるという場面があ

るように思います。こらえられなくなってしまった人の代わりに、誰かほかの人が抱えるということもあります。

また、すぐに怒りを表現してしまうのではなくて、物語や詩歌など表現の形にするという方法もありますよね。そうすることで、みんなで一緒に怒りを抱えながら持ちこたえるという方法によって、人類はうまく共存の道を探ってきたのだろうと思います。

村瀬　いつでも周囲に対して気を張って敵をこしらえたり、平素からいろいろな小細工に時間と労力をかけたり、しまいには戦争を仕掛けたりするよりも、自分が義《ただ》しいと思えることを、ほんの少しずつでも試みる。一人だから最初は怖い思いもするでしょうし、不安にもなるかもしれません。それに何か劇的に事態が変わるわけでもないでしょう。ですが、ちょっとしたきっかけで自分の力になってくれる人たちが周りに現れるものだと思います。義《ただ》しいと信じられることであれば、それを理解してくれる人はきっといる――私が幼い頃からの体験を通じて、今に到るまで感じてきたことです。

ここまで語る内に、ふと土居健郎先生(注3)からいただいたお電話と、その内容にまつわるお葉書の

（注3）土居健郎（1920-2009）精神科医。一九四二年東京大学医学部卒。東京大学医学部教授、国際基督教大学教授、国立精神衛生研究所所長、聖路加国際病院顧問を歴任。著書は『「甘え」の構造』（弘文堂）ほか多数。

内容が思い起こされてきました。土居先生は、私を事例研究会(注4)の末席に加えてくださり、ほかにもさまざまに学ぶ機会を与えてくださった方です。

橋本　それはどのような内容ですか?

村瀬　ある夜、土居先生からお電話をいただき、執筆中の御著書に引用される文献(たしか北欧の作者で幻想的かつ示唆を多く含む小説)の著者名を尋ねられたのです。私は先生からのお電話に束の間、緊張し、その後、思い出すことができた著者名をお伝えすることで、土居先生から「貴女に聞いてよかった」と御礼を言われ、安堵しました。ほっとして受話器を置いた十数分後に再度のお電話をいただき、「先ほどはありがとう。ところで、唐突なようだが――僕は貴女の著書を全部読んだわけじゃないけど、貴女は幼くして子どもの心を失った人だね」と言われました。私は一瞬絶句し、「いいえ、私は今でも子どもっぽくて幼稚なところのある人間です」と口走ってしまいました。土居先生は「そんなことを言うのなら、僕だって子どもっぽいよ。貴女は幼くして子ども心を失った人だ」と御宣託のように再度おっしゃいます。私があらがうのは如何かと戸惑っていると、先生は「夜遅くに急にこんな電話をして失礼」と受話器を置かれたのです。さらに数日後、土居先生からお葉書が届き、文献の件の御礼と、その後の電話で唐突におっしゃったことのお詫びが記されていました。私は、自分が幼児の頃から真実、事実、虚実からなる世間を垣間見ていささか戸惑っているのを、先生に的確に見通されたのだと感じました。思い返せば、電話で先生のお言葉に直面したとき、それに応えて内心で肯定する小さな声が聞こえていたのです……とっさのことで、素直に応えなかった自分を省みました。

橋本　「人間の器」という言葉がありますね。ここまでのお話を伺いながら、「怒りを抱える器」というものがあるような気もしています。

村瀬　ええ、そうですね。私が徒然《つれづれ》にご紹介してきた話を、橋本さんにおまとめいただいたような気がしています。

総じて、労せずして自分に良いことが降ってくるという幻想は捨てることも大事でしょうね。世の中の現実は、誠意をもって努力してもままならないほうが多いことは、歴史が証明しています。ですが、だからといって賢《さか》しらげになって、努力は無駄と斜に構えるのではなく、たとえ負け戦でも筋を通して、相応の努力をすることは、広く生命というものに課せられた義務のようなものではないでしょうか。野に生きる動物、餌のない雪の山中でさまよう動物たちも、この原理で生きています。それは人間にも等しく当てはまることではないかと私は思っているのです。

（注4）一九六〇年代の終わり頃、当時の我が国では数少ない事例研究会が行われていた。主宰の土居健郎氏はじめ、中井久夫氏、吉松和哉氏、福島章氏など、当時の参加者は極めて峻厳でありつつ、各自が事例を提出し、各自の成長を促す議論が活発に展開された。会員の多くはいまや鬼籍に入られている。

橋本　この対談の冒頭、モーゼの十戒に依拠しながらお話しくださったことに通じるご指摘ですね。この世を生きていくうえでは、喜びより苦しみのほうが多いという考え方を前提としていれば、思いがけず出会うさまざまな事態にも動揺せずに生きていけるでしょうし、怒りを覚えることなく、物事の本質を見極められるのかもしれません。そこを無理に捻じ曲げて自分に有利にしようとすると、心は乱れ、怒りに支配され、本質が見えなくなるのでしょうね。

本日は貴重なお話の数々を伺うことができて、考えていたことを振り返る機会になりました。〈怒り〉の諸側面を鋭く研ぎ澄ましていただいたような思いがしています。

［二〇二二年十月五日／都内にて収録］

［追記］恩讐を超えて

第二次世界大戦後、日本は復興の道を歩み始めた。本件事例において私が一人で考え責任は一人で取ろう、場合によったら重いお咎めもあり得ると決心し、数学の先生に問題解き競争を申し出た頃は、都内に焼け跡は広く残り、先生の暴力にそっと抗議をしのばせて、数学の問題解き競争をお願い申し出た頃は世の中は色々な意味で落ち着いていなかった。

数人の級友が宿題をしてこないのはただ怠けている、或いは問題が難しく手が出ない、という理由ばかりではないようでもあった。当時は第二次大戦敗戦からの復興が国是とされていたが、父親や兄たちが戦地へ出征され、戦争が終わっても抑留されて帰国が遅れている、その他人手不足で、級友の中には家業を手伝う（これはかなりの負担）等という理由で、疲れ切っている級友もいた。撲打される級友が大怪我をする怖れがあった。

この学校の空気の中で、他者に類を及ぼさずに毎朝の野球バットによる制裁が早くなくなるようでありたい、ひとり黙したまま、私は夢中であった。

数学の問題解き試合が終わって、一応毎朝の野球バット制裁がなくなってから、以後相応の明るさを取り戻した教室の空気であったが、一人自分の内に秘めた自分の合法的ながらも先生に対する抗議行為について、その後長年にわたって誰にも話すこと無く罪意識に似た想いに心うずくことがあった。このことを正直に話したのは亡き主人一人であった。主人の穏やかな言葉と表情は、心安らぐ想いをもたらしてくれたが、しかしなお……内心忸怩たる思いがあった。

そして、あの問題解きゲームをした日から六十年余が過ぎた頃、疎開先当時の級友から突如電話「同窓生も遠くへ幾人も旅だった。今度が最後の同窓会を開く。礒貝さん（私の旧姓）が貴女らしいその後を過ごされている超多忙でおられることは皆知っている。無理を言うが最後の同窓会を旅館の大広間で開催する。皆が一言ずつその後と遠い長いこれからへの想いを率直に語り分かち合おうということになっている。無理を承知しながらだが、皆が会いたいと切望している。絶対に参加して！　皆を代表してこの電話をかけている……」さまざまなものを含んだ懐旧の情が湧きあがった。一言に尽くせない想い……。

懐かしいかつての級友との再会。全員のスピーチが終わるときには夜が明けていた。旧交を温め、それぞれ友達のその人らしい誠意ある当日までの歴史を聴くと素直に敬意と親近感が湧き上がった。これは今も私の心の内に息づいている。中でも、あの数学の先生のその後について語られたクラスメートたちの話は一言に尽くせない人のこころの暖かさ、優しさのさりげない現れで、私の心は和み、長年私のうちに密かに残って居た複雑な陰りの気持ちを安堵、さりげない暖かさ、信頼、尊敬等などが混じり合った穏やかな気分にみたされた。

世話人を引き受けてくれたクラスメートの一人が穏やかな口調で話し始めた。「自分らも年老いて病院へ行く機会が増えた。あの数学の先生、僕らは気絶しそうな感じになるくらい殴られた。勉強ができなかった僕らが悪いのだが……。もっと数学ができれば良かったけれど、先生はもどかしかったのだろうけれど……。数年前、病院であの数学の先生にお目にかかるようになった。

先生は全く別人のように年をめされた。僕らがご挨拶してもお心当たりがないようで……。受診されている間に車を運転されて付き添ってこられるご家族が買い物等用足しにいかれるのが恒例の御様子。元数学の先生の方が診察が終わられると、駐車場内で車を探し回られて、それでも自家用車を見つけられなかったり、時に他家の車を間違えて無理にこじ開けようとされ、持ち主からひどく罵り叱られていらっしゃる場面に遭遇したりした。

そこで、ご家族の方に失礼にならぬよう留意して先生の受診日の御予定を伺い、先生が病院で迷われないように到着のお迎えから、ご家族が街での用事を終えられるまで、先生の付き添いをさせて戴くことをしている。先生は今では勿論全てが曖昧でかつての先生とは別の方のようでもあるが、僕らとのその一時を楽しんで下さっている御様子で、僕らも総合病院での一時の御一緒を有り難く思っている。

八〇歳を過ぎながらどの級友もその人らしい心優しい様子で話していた。私も遠い中学一年時の悩んだ挙げ句の自分の行為が許され救われるように思われ、飛行機の窓から蒼く広がる海原を眺めつつそっと「〇〇先生、お健やかに良い日々を」と心の中で祈った。

文献

中里恒子（一九四一）『生きる土地』実業之日本社

文献

青木省三（二〇〇四）「心理療法と日常生活——時の流れと空間の広がりの中で」村瀬嘉代子・青木省三編『すべてをこころの糧に』九－二九、金剛出版
青木省三（二〇一〇）「精神科臨床におけるスーパーヴィジョン」臨床心理学一〇巻六号、九二五－九二九
青木省三（二〇一七）『こころの病を診るということ——私の伝えたい精神科診療の基本』医学書院
ジョージ・ボナーノ（二〇〇九）（高橋祥友監訳（二〇一三）『リジリエンス——喪失と悲嘆についての新たな視点』金剛出版）
江口重幸（二〇〇六）「精神療法の歴史」青木省三・中川彰子編『精神療法の実際』中山書店（この論文中にP・ジャネについての論考がなされている）
原田誠一（二〇〇七）「生物・心理・社会モデルに基づく精神療法の統合」精神療法三三巻一号、四〇－四七
原田誠一（二〇一六）「誰がために「統合」はある?」精神療法四二巻二号
平木典子（二〇一二）『心理臨床スーパーヴィジョン』金剛出版［増補改訂二〇一七］
平島奈津子（二〇一七）「特集のねらい——『愛着障害』の流布と、概念の混乱」精神療法四三巻第四号、四六三－四六六

広岡知彦（一九九七）『静かなたたかい』青少年と共に歩む会
一丸藤太郎（二〇〇五）「スーパーヴァイザーの養成体制について」藤原勝紀編『臨床心理スーパーヴィジョン（現代のエスプリ別冊）』至文堂、二七五－二八五
一般社団法人日本臨床心理士会（二〇一七）一般社団法人日本臨床心理士会倫理規程
一般財団法人日本心理研修センター監修（二〇一九）『公認心理師現任者講習会テキスト［2019年版］』金剛出版
金沢吉展（二〇〇六）『臨床心理学の倫理をまなぶ』東京大学出版会
神庭重信編（二〇一四）『私の臨床精神医学』創元社
村瀬嘉代子（一九八五）「クライエントの側から見た心理療法」（一九九八）『心理療法のかんどころ』金剛出版
村瀬嘉代子（二〇〇五）『聴覚障害者への統合的アプローチ』日本評論社
村瀬嘉代子（二〇〇八）『心理療法と生活事象――クライエントを支えるということ』
村瀬嘉代子（二〇一二）「心理療法――統合的アプローチの視点から考える」臨床精神医学四一巻増刊号、四五－五〇
村瀬嘉代子（二〇一四）『統合的心理療法の考え方』金剛出版
村瀬嘉代子（二〇一六）「心理療法の基本と統合的心理療法」精神神経学雑誌一一八巻七号、五三一－五三八
村瀬嘉代子（二〇二〇）『新訂増補 子どもの心に出会うとき――心理臨床の背景と技法』金剛出版
村上伸治（二〇一七）『現場から考える精神療法』日本評論社
臨床心理学一七巻五号（二〇一七）「特集 レジリエンス」
鑪幹八郎（二〇〇四）『鑪幹八郎著作集 心理臨床と倫理・スーパーヴィジョン』ナカニシヤ出版
新保幸洋編著（二〇一二）『統合的心理療法の事例研究』金剛出版
新保幸洋（二〇一六）「村瀬の統合的心理療法」精神療法四二巻二号、一七八－一八五
新保幸洋（二〇一九）「領域横断の成長論」臨床心理学一九巻三号、三二五－三三〇
滝川一廣（一九九八）「精神療法とは何か」星野弘編『治療のテルモピュライ』星和書店

田中康雄編（二〇一二）『児童生活臨床と社会的養護――児童自立支援施設で生活するということ』金剛出版
山下格（一九九七）『精神医学ハンドブック』日本評論社

あとがき――今日までの支えられ、気づき、模索しつつの歩み

これまで、心理臨床の仕事を続けてきて、多くのさまざまな方々から学ばせて戴き、かつ支えられてきたことにこころから感謝申し上げる。

また、自分の考えを著すことを躊躇いがちの私に金剛出版代表取締役立石氏が何時も励まして下さること、近年は立石夫人が校正役を務めて下さったこと、他にも多くの出版業務に携わっていらっしゃる方々にいろいろお力添えを戴いてきたことに深謝したい。

それにしても若かったとき、河合隼雄先生が「貴女の文章、読んで面白かった、良い文だ」とお便り下さり吃驚し、同じ頃、お目もじしたこともない私について西園昌久先生が今は亡き主人に「奥さんの文、読んで楽しかった、精神療法に書いては？」と仰ったと聞いたとき、そんなこと駄文なのに……、と恐縮したこと、更に下って、前記立石氏に「これまでの文章を一冊の書物にしましょう、文章を纏めてお渡し下さい……」と言われ、自信なくそのままにしていたら、ある日社長

自らバインダーに大量の紙を挟んで抱えておいでになり、「何時までも原稿渡されないので国会図書館へ行って一部コピーを取ってきました……」とおっしゃった時は最高度に恐縮したことを思い出す。満足できる原稿を書けたと密かにでも思えたことは一度もない。常に模索考え中……、である。

さて、本書の末尾にいささか勇気を絞って、殆ど言及されたことがなく、ささやかではあるが大切だと考えられる経験事実をあとがきとして記し、読者の方々に問いかけをさせて戴く。

*

私が大学を卒業する頃は「女性のお勤めには短大卒が標準」と考えられていた。現在も女性の雇用について問題指摘が色々なされているが、かつては女性の雇用促進などとは表だって検討される世の空気は極めて希薄であった。私が大学四年時に初めて女性アナウンサーの公募がされたが、お決まりの履歴書や成績書の他に前と横向きの顔写真二枚の提出が新たに記されていて、テレビの普及が予想されるので写真の条件は当然、そこで自分たちは受験資格なしと友達と笑い合った。

友人が第二次大戦後設立されるようになった家庭裁判所の調査官の採用試験広告を見つけてきて、一次、二次試験は住所地、三次試験は東京で施行される、卒業を前に三次試験まで行けるよう頑張って東京見物をしよう、と誘われた。

皇居や東京駅近辺の丸の内あたりはあえて米軍が爆撃を避けたが、第二次大戦中、学童疎開で家族と一人別れて父親の故郷へ強制的に移住する前に、母親と姉が今のうちに世の中には美しいもの、尊いもの、素晴らしいものがある、その個人が生きる上での不当な激しい差別を経験させられながらも、それを超えて高い境地を目指して努力し、ピアニストとして、人間として大成した人（レオニード・クロイツアー）の演奏会や歌舞伎、色々な会に連れていかれた。これは小学三年の翌年から都内の小学生は都内に止まることが許されず親類や知人を頼って、更に伝手《つて》がない場合は学校の先生が引率されて神社や仏閣への集団疎開実施が施行されることが決まっていたので、母は親子共に暮らせる限られた日々の間に私に精神的に高く美しいものがあることを教え、仮にささやかでも心の支えになるものと願ったのであろう。

敗戦により家族と再会できるまで、日々の私を支えてくれ、疎開してから、家族との再会の目処など立たない不安も何とか忍ぶことが出来、その上、地方の疎開先の友達は親しく私を仲間に入れてくれた。

そのような友人たちに何かお礼にと、私は下校時、道を辿りながら大勢の友達に囲まれて歩きつつ、毎日、物語を話しながら帰途につくのが習わしとなった。絵本や雑誌など今のように書店にはなかったので、私の慣れない物語はそれでも友達からは大歓迎された。子ども用の本からの種が尽きると姉たちが読み聞かせてくれた芥川龍之介やその他諸々の本の内容を子ども用の言葉にしてお話しした。

当時は自動車が田舎道を走行するなど稀だったこともこの露天移動お話し小屋が好評を得た理由であろう。道を相当数の子どもたちが群れを作って歩くことも咎められることはなく、私たちは大人が通る折りや馬車や自転車の通行を妨げないように素早く道を空けるように子ども同士で話し合い、大人の生活に迷惑はかけまいとこころした。そういう次第で、時には歩きながら勉強しているのかと誉めて下さる大人もあったが、ひたすら楽しみのため、子ども心にも戦争の行方を案じる気持ちをしばし忘れる時間であった。今思うといわゆる発達障害児とみなされている友達も一緒だったが物語の展開につれて笑うときは皆同じ笑顔になることが私には東京の家族から一人別れて、しかもこの生活の結末が何時どのようになるのかという、おぼろげなしかし消すことのできない不安をしばしの間忘れられるひとときであったし、限られた状況下でしばしの憩いとして思いついた行いだったが、この移動式お話の会は、私たち全員にとって英気を養うひとときでもあった。

やがて友達のお父さんやお兄さんが「白木の箱」に入って帰宅されることが続いた。「名誉の戦死」と学校では教えられたが、亡くなられた父上を想って、忍び泣いている級友にそんな言葉を言えるはずもなく、恵まれている自分自身に負い目を感じながら黙って静かに手を繋いで長い時をすごしていた。

以上記したことは余計かもしれないが、私は中途半端な自分を早くに気づきながら徹底的に変えることができずに今日に到っている不甲斐なさを痛感している。

ただ、以下に記すことはそれほど難しくなく実行可能ではないか、それでいながら人が自分の存在に裏付けのある自信を謙虚に持つことは必要でかつ可能である、誰しも他ならない自分という自信を持つこと、それを他者も自然に受け止めるようでありたいと切に思う。幼児期から青年期に到るまで発達障害とみなされ、「発達障害の○○さん」とその呼び名一つで関わられることが「自分とはそのような者なのだ」という一種の諦念を持ち、その人独自の諸々がありながら、自分に相応の自信を持たずにおられる人々が自らに対して、人としての独自性、自分なりの自信をささやかでも見いだす眼差し、気持ちを持つようになってほしいと私はこの疎開時の子ども時代から願ってきた。

いわゆる発達障害とみなされている人々へ少年期から青年期の始めくらいの間に、私はその人のその時に相応しいと考えられる方法（個別面接ばかりでなく、状態に応じてグループによるアプローチに参加する、個別面接とグループアプローチを状態像の変化に応じて、支援者は私一人とは限らず、治療者的家庭教師、時には本人の希望と社会参加への参考となるかなどを勘案して、建具師さんや植木屋さんの手伝い（実際に働くこととはどういうことか、を理解するのが基本の目的であるが、理解して下さる依頼先を見つけるとクライエント本人の治癒成長に自然に「役立つ」刺激を受けることが少なからずある――理解して、機会を提供して下さる方々にはひたすら深謝。）。クライエントの治癒成長に役立つ要因をさりげなく、かつ十全に適合するか否か充分検討することは必須であるが、社会の中へ円滑に参加適応していくためには有効な一階梯であると経験上考えられる。

人間は生まれるとき、自分の属性を何一つ選択できない。高い資質に恵まれて生まれてくる人、努力しても超えられないハードルの前に佇む資質に限定された要因を担って生まれてくる人、本人の責任ではないのに不条理に不服を唱えることもなく、こういう人たちは課せられる課題に基本的に選択の余地なく忠実に応えようとし、また応えることが当然とされているのが多くの場合のように見える（すくなくともこれまでは……）。

私は発達に遅れをもつ子どもたちや興味が偏っている子どものクライエントに共通の教材に着手することを強く勧めたりするより、面白い、楽しい、少しは自分で手を着けてみようという気持ちを自発的に子どもたちがそれぞれ持てるような準備工夫が基本的に大切なポイントだと経験的に考えるようになった。双六を山手線の駅を基にして作る、既製品の絵本を本読みと言えば何時も同じ手順にと言うよりは途中から先を各自が創作してみるということなどを試みると、殆どの子がその子どもなりの気持ちや考えを込めて、続きを作り出し、自分の創作に喜びを感じているらしいこと、次回から積極的に振る舞う傾向が見えてくること、決められた時間に従うことから、楽しみのある時間を待つ、そこから時間間隔が自発的にハッキリ認識できるようになり、自発的に基本的な時計の読み方を知ろうとする態度などが生まれてくるなど……。努力で何とか……、と現状に対して無理な高い課題を提供して、当人を萎縮させるのではなく、しかも遅れのある子どもに対しては、前もって一方的に指示的な姿勢で望むよりも、これから何がどうなるのだろう?と期待と疑問が湧くような柔軟性のある関わり方をすると受け身的でぼーっとおとなしさ一筋と思われていた子どもが遊び方から始まって、街を歩いているとき、新たな物やことに視線が及ぶようになり、自ら質問を発し活き活きした表情が見られるようになった、などのお話を家族の方から伺い、お家でも無理の無い範囲で子どもの興味や状態に合わせて話し掛けるとか、何かを示唆すると滑らかに返事がかえってくるようになったとの報告を戴くことが稀ではない。つまり、ささやかな子どもの自発的行動に気づいて、それに素直に感動すると、そこから無理なく子どもの方から自発的な反応が生まれてくるように経験的に考えられる。子どもの差し出す球は守備範囲がことのほか広く、かつ柔軟性を求められることが多いので、懸命に教えようという熱意一辺倒になる前に、受けとめたらさてと思うくらいのゆとりを持って臨むと、子どもの方も自分なりの懸命の行動にひとまずの安堵と自信を持つことができるのではないか。そういう経験がその子に応分の自信と余裕感をもたらすように思われる。

量と質によってのみ個人の価値は本当に決められるのであろうか、自分が意図したわけではないのに、他者が引く不運の籤をたまたま引いた人に発達障害児のA君、発達障害児のB子さんと個人の特徴を無視した呼称が当然のように使われること、そして、そうした障害を持つ個人を一纏めにし、全く同質であるかのように想うことはいかがなものであろうか。人は「他ならない自分」という存在の自信感を持てることが基本ではなかろうか。

私は大げさに観念論を強調するつもりはない。人は誰も生まれ出るとき、どういう特質を持って生まれたいか、これまでのところ個人に選択の余地はない。「天は二物を与えず」という言葉を裏切るように恵まれた条件を生来持つ人が存在される傍ら、何故にこのような過酷な条件を担って……と言葉を失うような困難な生を担う人が存在される。

本当にささやかなことで、記すことに躊躇いを憶えるが、これまで「発達障害の○○君」ではなく、その個人の長所と思われる特徴を「発達障害の」の代わりに着けて、必要な折りに「○○さんは発達障害をも合わせもつ……」と附記するようにしてきた。

さて、こうして述べたようなかたちで、はじめに幼児期や児童期に出会った人たちがはや五〇代、なかには六〇代を迎え、嬉しいこと、印象的なことがあると連絡してこられる。

A氏は実業高校に入学してから、色々他者から告げられていた自分が発達障害の特性を持つことをただ否定的に考えることから卒業することを目差し、無理に人間関係についての適応度を増す努力を結果として効率低く重ねるよりも社会で生きていく必要度を満たす程度に留めることに決め、一人暮らし、仕事は夜間にビルの機械の保守点検（文系は大の苦手だが機械操作はかなりの技術家）係に四〇年近く勤続。趣味は着用しないがネクタイ収集、部屋の壁をデザイン、色とりどりのネクタイが数えきれないくらい覆っているのだと。仕事は順調、必要最低限の人間関係は何とかこなしている、変わり者と思われても正しい誠実な生き方をしている（上司の評価も同じ）、勤続が無理な年齢になれば役所に相談して高齢者ホームに入る、と……。

B氏は「普通の子なら昼食くらい、パンとか学食とか行くのに、特別学級の子を持つと毎日お弁当作り……」との母親の独り言の愚痴を耳にし、「せめて少しでも親に楽させてあげたい」と施設入所を決意し特別支援学級は中退した。心優しく誠実……。デパート主催の福祉施設入所者の即売作品展開催時には、B氏の丁寧な作りの籠が大人気の由。一昨年、還暦を迎えられた。施設入所以後、年に四回葉書による来信あり。葉書の文字が綺麗になり、漢字が加わるようになったので、律儀なB氏は代筆を頼むようになったのかと尋ねると「先生に出す葉書は綺麗な字で書きたい、と思ったので、施設に頼んでペン習字のお手本を買って貰い、練習をしているのです」と。その誠意に感服……。

C氏の両親は高学歴、高度の専門職者であった。C氏は両親に似ず、素質に恵まれず、孤立無援感から一時生活は乱れ、自棄的にもなっていた。だが母親が重病で食欲不振になると、村瀬にスープの作り方を教えて、と。母親は感謝して他界された。父親も病に。C氏は村瀬と施設に看病の要点について教えを求め、辛い仕打ちを受けたことも忘れたように父親の世話を周囲の助力を受けながら行い、最後は父親の入院先へ繁く通って見送られた。

　C氏は父親が心安んじて亡くなった、と電話で話してくれた。「良く尽くされたわね、五〇歳になった時のように貴男も知っている〇〇先生をお誘いして、Cさんの慰労のささやかな会をしましょうか」と私。「五〇歳になった時は先生に会って、元気が戻った、この間還暦がすんだ。今は平気、大丈夫、それより村瀬先生、人の心配ばかりしてないで、自分のこと考えたら……、ワハハハ……。もう大丈夫、病気の時は職場の仲間が訪ねてきてくれる。働けなくなったら施設へ入るから……」

　ここには僅か三人の例を挙げるに留めた。当初は将来を想像して、重い気持ちになった人たちもあり、現在進行方向模索中の人もある。全員がこういう道筋を辿られるとは限らないであろう。だが人としての自尊心を大切にするように接し、無理の無い程よい配慮を込めた支援を心掛けたい。人としての誇りを損なわないような、同時に努力と自尊心の維持を大切にする助力を行うこと。経験を元に更に上質な支援を目指しつつ提供していきたいと想う。

　自分に与えられた資質を忠実、誠実に受け止めて生きる人々にひとくくりにしたような呼称を使わないこと、その個人相応の努力に敬意を抱くことを心していきたい。

　二〇二四年　七月
著者識す

■初出一覧

序に代えて——苦難に耐え解をもたらす力を支えるもの　臨床心理学 22 巻 2 号　2022

問う力・聴く力を涵養する——能動性を内包する受動性／理論と技法を支えるジェネラルアーツ　臨床心理学 20 巻 4 号　2020

面接のパール——面接の基本と考えてきたこと　精神医学 63 巻 5 号　2021

類型化した視点と個別的視点　そだちの科学 No32　2019

心理的支援と「生活」——生活を問い直す　児童生活臨床と社会的養護　金剛出版　2012

こころの窓を開いてくれた生き難さをもつ子どもたち　そだちの科学 No31　2018

それぞれの生を全うするために　そだちの科学 No38　2022

大人の愛着障害——等身大の自分を認め愛おしむと拓ける新たな次元　こころの科学 No216　2021

統合的心理療法と複雑性ＰＴＳＤ　精神療法 47 巻 5 号　2021

スーパーヴィジョンについての覚え書き　臨床心理学 19 巻 3 号　2019

生涯のこころの糧となるもの　慈圭会精神医学研究所紀要 16　2021

［インタビュー］現実をみつめて——多面的考察と多軸的思考／村瀬嘉代子・黒木俊秀　臨床心理学 22 巻 1 号　2022

［対談］〈怒り〉はささやく——義しさとバランス感覚を基底にして／村瀬嘉代子・橋本和明　臨床心理学 23 巻 1 号　2023

■著者略歴
村瀬嘉代子（むらせかよこ）
1959年　奈良女子大学文学部心理学科卒業
1959-1965年　家庭裁判所調査官（補）
1962-1963年　カリフォルニア大学大学院バークレイ校留学
1965年　大正大学カウンセリング研究所講師，1984年より同助教授，1987-2008年　大正大学人間学部並びに大学院人間福祉学科臨床心理学専攻教授。2008年より，北翔大学大学院人間福祉学研究科教授，大正大学名誉教授（2009年より，同大学客員教授）
臨床心理士，博士（文学），2023年まで（財）日本心理研修センター（現，一般財団法人 公認心理師試験研修センター）理事長
著書：「新訂増補 子どもと大人の心の架け橋」「新訂増補 子どものこころに出会うとき」「心理療法という営み」「心理療法と生活事象」「ジェネラリストとしての心理臨床」「心理療法家の気づきと想像」「クライエントの側からみた心理臨床」
「電話相談の考え方とその実践」（共著）「すべてをこころの糧に」（共著）「統合的心理療法の事例研究」（共著）「子どもと思春期の精神医学」（共著）「村瀬嘉代子のスーパービジョン」（共著）「心理療法の基本 完全版」「臨床心理学スタンダードテキスト」（共著）以上，金剛出版。
「聴覚障害者への統合的アプローチ」「聴覚障害者の心理臨床」日本評論社，「版監」「静かな思い，柔らかなこころ」「小さな贈り物」創元社，「子どものこころと福祉」（監修）新曜社，他多数。

心理支援《しんりしえん》と生活《せいかつ》を支《ささ》える視点《してん》
――クライエントの人《ひと》としての存在《そんざい》を受《うけ》けとめるために――

2024年9月　1日印刷
2024年9月10日発行

著　者　村瀬嘉代子
発行者　立石　正信

印刷所　太平印刷社
装　丁　臼井新太郎
組　版　古口正枝

株式会社　金剛出版
〒112-0005　東京都文京区水道1-5-16
電話03（3815）6661（代）
FAX03（3818）6848

ISBN4-7724-2030-3　C3011

クライエントの側からみた心理臨床
治療者と患者は，大切な事実をどう分かちあうか

［著］＝村瀬嘉代子

●四六判　●並製　●488頁　●定価 **3,960**円
● ISBN978-4-7724-1924-6 C3011

対人援助職の要諦はクライエントの生活を視野に入れることである。
クライエントとセラピストの
信頼関係が成り立つ基本要因を探る。

新訂増補　子どもの心に出会うとき
心理臨床の背景と技法

［著］＝村瀬嘉代子

●四六判　●上製　●316頁　●定価 **3,740**円
● ISBN978-4-7724-1800-3 C3011

「心理臨床で一番大切なこととは？」
厳しいプロフェッショナリズム的視点をもつ，
村瀬嘉代子という稀有な臨床家の思想の秘密を探る。

新訂増補　母子と家族への援助
妊産婦のストレスケアと子どもの育ち

［著］＝吉田敬子

●A5判　●並製　●230頁　●定価 **3,740**円
● ISBN978-4-7724-1992-5 C3011

母子相互作用の臨床課題を網羅した
スタンダードテキストとして好評の初版を大幅に改訂。
ストレスケアやボンディング障害にも言及。

価格は10%税込です。